＊감수인

이 책은 인류가 발달하는 과정과 세계의 운동 전체를 거시적이고 넓은 시각에서 체계적으로 보여주고 있다. 서로 다르고 복잡해 보이는 사건들이 하나의 맥락을 갖고 연결되어 있다는 사실과 의미를 이야기 형식으로 서술하여 쉽게 파악할 수 있다. 학습효과를 위하여 단계적으로 이해해가는 형식을 취했고, 단원마다 요점들을 정리하여 서술하였다. 또한, 사실을 확신시키고 흥미를 높이기 위해 다양한 자료들, 현장 사진들, 삽화, 그리고 극화까지 활용하였다. 세계문화의 백과사전 같은 가치를 지녀서 성인들이 학습하기에도 손색이 없다.
청소년들이 머지않아 현재로서 맞이할 미래를 위해 이 책이 의미 있는 길잡이가 되길 바란다.

윤명철 (동국대학교 교수. 역사학자)

로마의 트레비 분수

＊일러두기

- 맞춤법과 띄어쓰기는 국립국어원에서 펴낸 〈표준국어대사전〉을 기준으로 삼았습니다. 다만, 역사 용어의 표기와 띄어쓰기는 교육과학기술부에서 펴낸 〈교과서 편수 자료〉와 중학교 국사 교과서를 따랐습니다.
- 외국 인명과 지명은 〈외국어 표기 용례집〉을 따랐습니다.
- 〈세계사 이야기〉의 내용이나 체재는 2011년에 새로 나온 초등학교 교과서를 기본으로 하여 편집하였습니다. 맞춤법이나 표기도 최종적으로는 초등학교 교과서에 맞추었습니다.

우리 땅 넓은 땅
세계사 이야기 8

카이사르와 로마 제국

펴 낸 이 : 이재홍
펴 낸 곳 : 도서출판 세종
등록번호 : 제18-79호
대표전화 : 02)851-6149, 866-2003
F A X : 02)856-1400
주 소 : 경기도 광명시 가학동 786-4호
공 급 처 : 한국가우스 | 등록번호 제18-147호
고객상담전화 : 080-320-2003
웹사이트 : WWW.koreagauss.com

※잘못 만들어진 책은 교환해 드립니다.

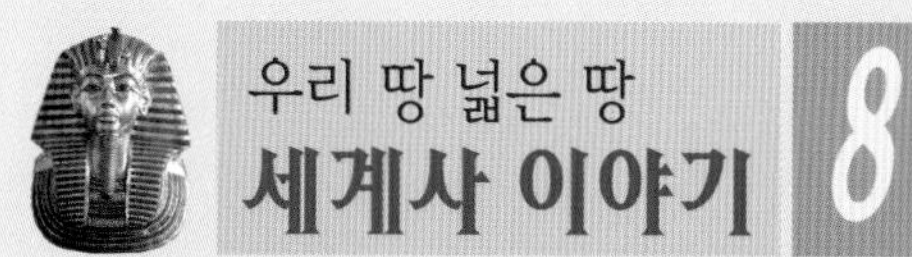

카이사르와 로마 제국

글 한국역사교육연구회 ■ 추천 파랑새 열린학교 · 한국역사사관학교
감수 윤명철 (동국대학교 교수 · 역사학자)

한국가우스

읽기 전에

루브르 박물관에 있는 카이사르 동상

역사를 올바로 보는 눈

세계의 역사는 우리 인류가 걸어온 발자취입니다.

어제 일어난 여러 사실들은 역사가의 평가와 시각에 의하여 역사적 사실로 재발견되고, 그 의미가 새롭게 밝혀져 역사로 기록됩니다.

이것을 통하여 오늘의 우리는 어제의 역사와 만나게 되고 우리가 살지 않았던 어제를 생생하게 체험하며, 그 올바른 의미를 물려받게 됩니다.

역사는 오늘의 삶을 비추어 주는 거울이며 내일을 바라볼 수 있는 창이기도 합니다.

때문에, 역사 서술은 치우침이 없고 엄격해야 합니다.

우리는 그러한 역사를 공부함으로써 우리 자신과 오늘의 현실을 객관적으로 바라보고, 또 비판할 수 있는 힘을 기르게 됩니다. 역사를 배우는 중요한 목표는 자신을 스스로 깨닫게 하는 데에 있다고 합니다.

한편, 역사는 단순한 어제가 아니라 살아 있는 어제여야 한다고 말합니다. 이것은, 역사가 단순히 어제의 사실을 알려 주는 것만이 아니고 오늘의 우리에게 교훈이 되고, 오늘의 문제를 해결할 수 있는 슬기가 되어야 한다는 뜻을 담고 있습니다.

이는 곧 우리가 왜 역사를 배워야 하는지를 말하는 것이기도 합니다. 한국인으로서의 정체성과 함께 다른 문화와 국가에 대한 이해가 있어야만 이 지구촌의 시대를 살아갈 수 있기 때문에 특히 세계사는 중요합니다.

한국인으로서 정체성은 한국사뿐만 아니라 세계사를 함께 배울 때 온전히 형성될 수 있습니다.

우리 어린이는 이러한 역사 인식으로 세계사를 사랑할 뿐 아니라, 인류의 번영, 그리고 새로운 세계의 건설에 이바지하는 '올바른 역사관'을 가진 세계인이 되도록 힘써야 할 것입니다.

한국역사교육연구회

우리 땅 넓은 땅

세계사 이야기

8

차 례

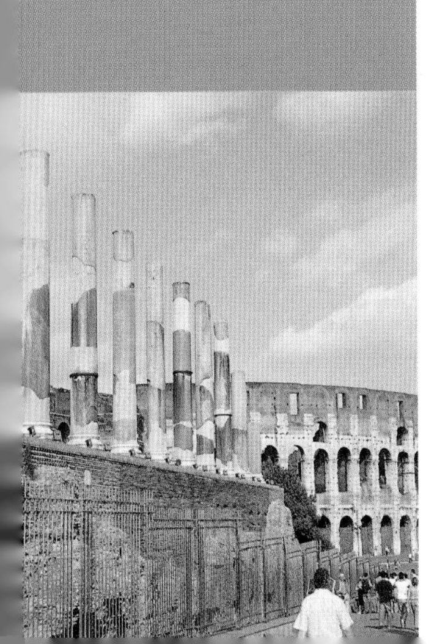

1 토지 개혁과 영웅 마리우스

로마의 대외적 팽창은 사회적으로 큰 변화를 가져왔습니다.

오랜 전쟁으로 자영 농민층이 몰락한 반면, 유력자들은 대토지인 라티푼디움을 가지고 노예 노동을 이용하여 부를 축적하였습니다. 몰락한 농민들은 빈민이 되어 로마에 유입되어 공화정은 심각한 사회적 불안을 맞게 되었습니다.

기원전 2세기 후반, 호민관이 된 그라쿠스 형제는 이러한 위기를 극복하고자 유력자의 토지 소유를 제한하고 농민들에게 토지를 분배하려고 했으나 대토지 소유자들의 반대로 실패하고 이후 로마는 내란 상태에 들어갔습니다.

로마의 콜로세움

흔들리는 로마 사회

> **＊포에니 전쟁**
> 고대 로마와 카르타고가 지중해의 지배권을 둘러싸고 3차에 걸쳐 싸운 전쟁(기원전 264~기원전 146년)이다.
> 포에니란 페니키아인을 뜻하는데, 이는 카르타고가 페니키아인의 식민 도시로서 일어난 데서 유래하였다.

"토지 개혁만이 로마를 부흥시킨다!"

포에니 전쟁*의 승리와 카르타고의 멸망으로 로마가 지중해의 왕자로 떠오르게 되자, 이런 소리가 강하게 일어났습니다. 영토가 크게 늘어나고 정복한 땅에서 포로로 잡아 온 노예가 늘어나 로마에는 큰 변화가 일어났습니다.

로마와 싸워서 망한 나라의 백성과 도시 국가의 주민 중 살아남은 자는 모두 노예로 팔려갔는데, 당시 가장 큰 노예 시장이었던 델로스 섬에서는 매일같이 수만 명의 노예가 매매될 정도였습니다.

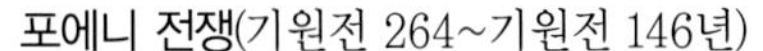
포에니 전쟁(기원전 264~기원전 146년)

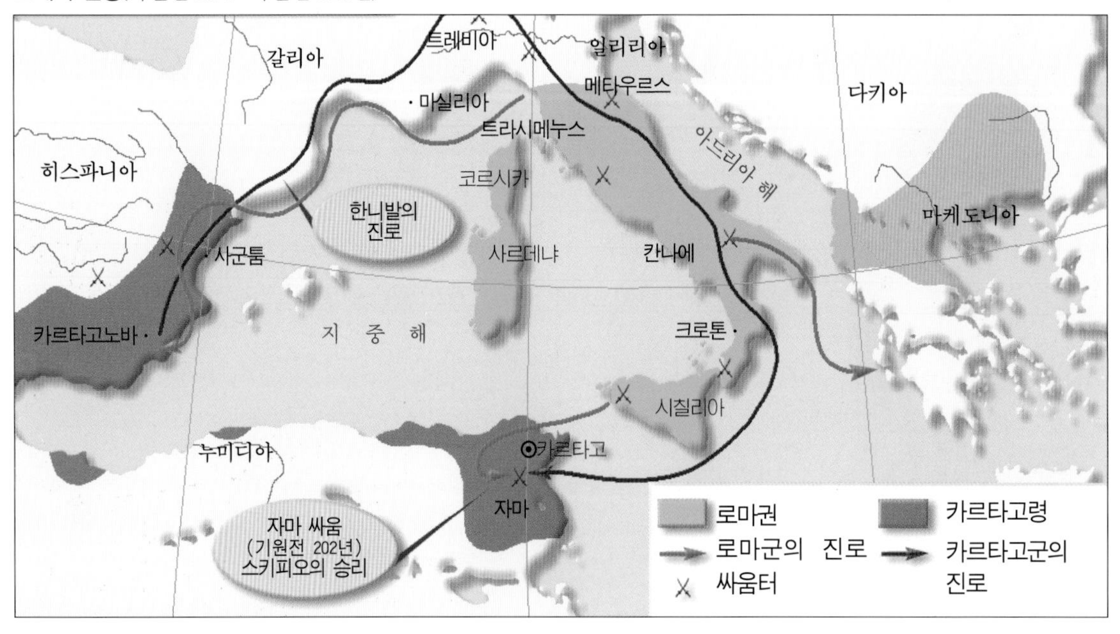

카르타고의 기본 군사와 기병대

코끼리군에 충격을받은 로마군사들

로마군사가 장군에게 전쟁상황 보고를 하고있다

이 시대에 로마에서는 함부로 토지를 차지하거나, 노예를 부리거나, 망한 농민들에게 농토를 빌려 준 새 귀족들이 엄청나게 많았습니다.

"흥! 잘사는 놈은 더욱 잘살고, 못사는 놈만 죽어라, 죽어라 하는 세상이지, 뭐……."

이 문제는 원로원에서도 심각하게 생각하고 있었습니다.

"자칫하면 폭동이라도 일으킬 기세이니, 대책을 시급히 마련해야 합니다."

떼를 지어 길거리를 헤매고 다니는 군인들과 실업자들의 불만이 이만저만이 아니었습니다.

"그런 무리들을 다독이는 데는 좋은 묘약이 있지요. 나라에서 구호 식량을 조금 나누어 주고 구경거리를 만들어 주어서 다른 곳에 마음을 쏟도록 하면 됩니다."

원로원들은 백성들을 위하는 근본적인 대책을 세우려고 하기는커녕 대충 넘어갈 방법만 찾았습니다.

이탈리아 나보나 광장

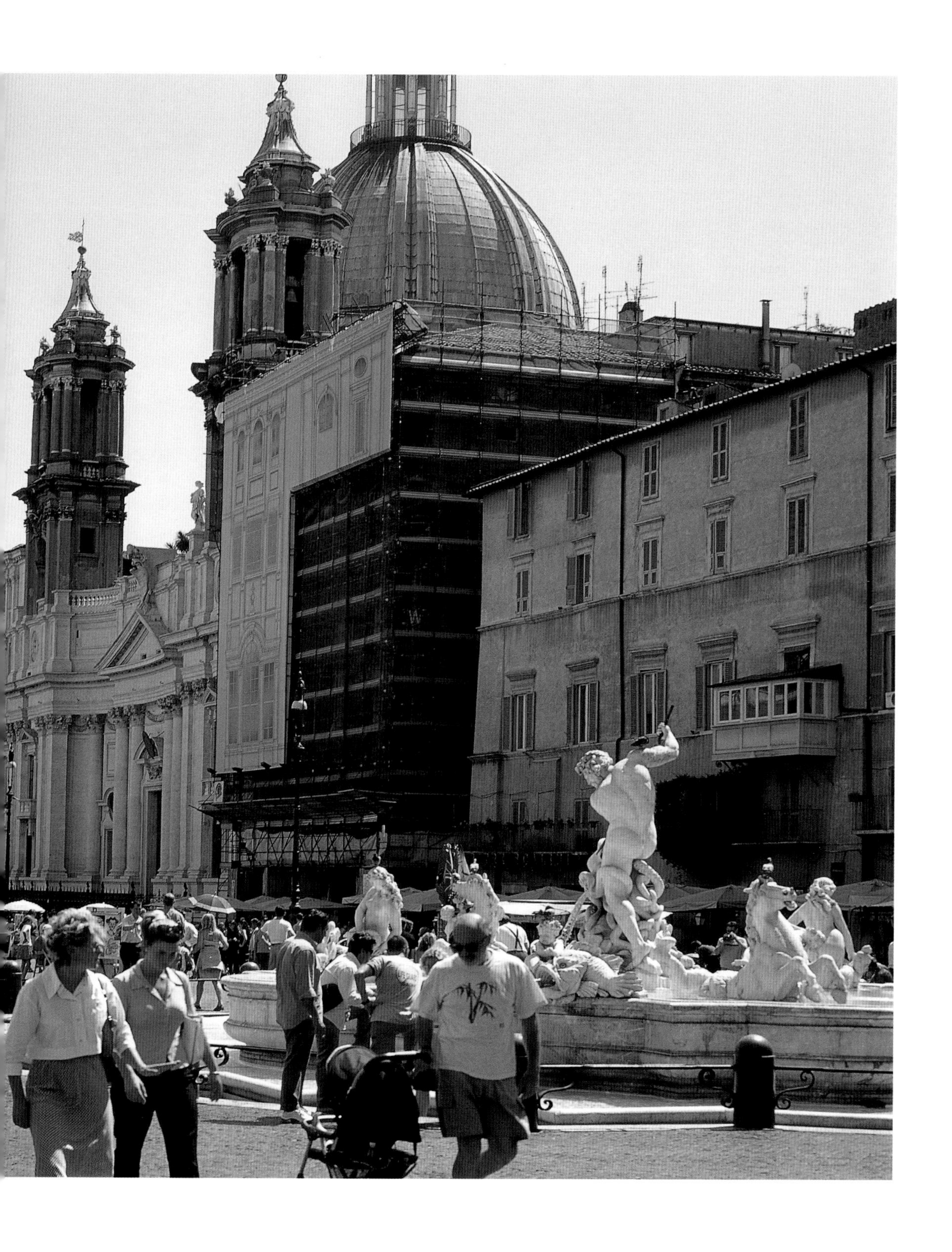

‘빵과 놀이’,

이것이 로마가 백성의 불만을 달래 주던 방법이었습니다.

실업자들에게는 나라에서 약간의 구호 식량을 나누어 주었고, 날이면 날마다 놀라운 경기가 펼쳐졌습니다. 그래서 로마에는 많은 원형 투기장이 만들어졌습니다.

로마인들은 점차 잔인한 싸움을 즐기게 되었고, 격투장에는 날마다 많은 구경꾼들로 붐볐습니다.

검투사끼리의 싸움, 사자와 코끼리 등 맹수들의 싸움, 인간과 맹수의 싸움 등 피비린내 나는 비극적인 경기는 로마 시민들의 불평과 불만을 다른 데로 돌리기 위한 국가의 정책이었습니다.

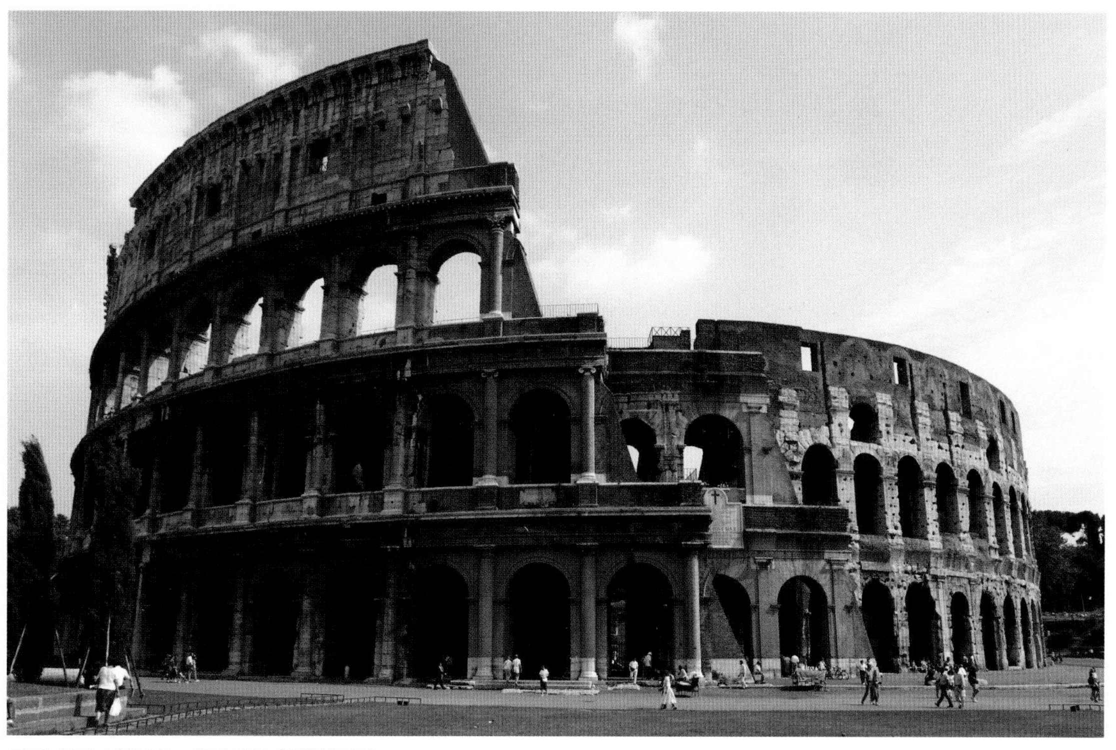

로마 시에 남아있는 콜로세움 원형투기장

로마 투기장에서 사자와의 투기

*콜로세움

로마 시에 남아 있는 고대 로마 시대의 원형 투기장이다. 플라비우스 왕조를 연 베스파시아누스 황제가 네로 황제의 황금 궁전에 있는 인조 연못을 말리고 그 자리에 세우기 시작하여, 티투스 황제 시대에 완성되었다.

원형 경기장의 검투사 노예들

시민들은 목숨을 건 승패에 돈을 걸고 도박을 하는 등 로마에는 하루도 피가 흐르지 않는 날이 없었습니다. 이런 어려움 속에서 토지 개혁에 앞장선 사람이 티베리우스 그라쿠스입니다.

새 귀족의 유명한 가문에 속한 그는 기원전 137년에 재무관에 선출되어 노예들이 끌려나와 일하는 것을 보고는 큰 충격을 받았습니다.

 **골든벨 상식**

로마 제국의 멸망의 원인

로마 제국이 멸망하게 된 원인은 이미 공화정 시대부터 싹트고 있었다.

원로원의 권위가 실추되어, 전제 군주제가 수립되면서 건전한 정치의식이 붕괴되었는데, 이러한 국가 권력의 쇠퇴에 따른 지방 분권화 현상이 로마의 멸망을 부채질하였다.

로마 제국의 영토는 계속 확대되어 크게 융성하였지만, 내면적으로는 국가의 기초가 서서히 무너져 내리고 있었다. 더욱이 제정 시대에는 로마에 대한 충성심이 없는 백성이 병사가 되었고, 또 제정 말기에는 게르만 인이 용병으로 고용되어 국방력이 점차 쇠약해져 갔다.

또, 전투를 하는 로마군의 모습도 그에게는 충격으로 다가왔습니다.

"용맹스럽던 군사의 모습은 이제 찾아볼 수가 없다. 비굴하기 짝이 없는 거지꼴이구나!"

그는 더 이상 안으로 자꾸만 썩어들어가는 로마를 잠자코 두고 볼 수만은 없었습니다.

원형 경기장(콜로세움)

그라쿠스 형제와 마리우스

더욱이, 이 무렵에 일어난 시칠리아의 노예 반란을 겪고 티베리우스는 중대한 결심으로 기원전 134년 호민관에 입후보하여 선출되었습니다.

티베리우스는 이듬해에 '토지 개혁 법안'을 민회에 내놓았습니다. '일정한 토지 이외의 것은 농민에게 나누어 준다.'는 것이 이 법의 주요 내용이었습니다. 원로원과 많은 사람들의 방해에도 불구하고 이 법은 민회에서 통과되었습니다.

한 걸음 더!

로마의 경제

로마 황제들은 많은 군대와 관리들을 고용하는 데에 필요한 비용을 충당하기 위해 도시민에게 무거운 세금을 부과하였다. 이에 도시의 중산층이 몰락하면서 도시가 붕괴되어 갔다.

따라서, 도시를 중심으로 형성된 상업 활동이나 무역 활동도 퇴조 경향을 보였다. 또, 대지주들은 도시에서 지방으로 이주하여 세력을 기르고, 제국의 권력에 복종하지 않음으로써 국가의 결집력이 약해졌다. 제정 시대에는 전쟁이 줄어들면서 노예를 구하기가 어려워져 라티푼디움 제도가 붕괴되었다. 그래서 대지주의 영지 내에서는 라티푼디움 제도 대신에 콜로누스*라고 하는 소작 제도가 널리 활용되었다.

그 결과 소작인들은 자유를 잃고 봉건 사회의 농노와 비슷한 위치로 전락하였다. 더욱이 상업이 쇠퇴하면서 화폐 경제 체제가 무너지자, 경제는 자급자족 형태로 변화되어 갔다.

*콜로누스
본래는 일반 경작인을 뜻하는 라틴어이다. 로마 제국 말기에는 토지에 매여 있는 소작인을 가리켰다. 그들은 노예나 해방 노예와는 달라서 신분상으로는 자유민에 속했으며, 가족과 재산을 소유했다. 그러나 마음대로 농지를 떠날 수 없었고, 다른 신분의 사람들과 결혼이 금지되었으며 세습되었다.

로마 제국의 2대 황제 티베리우스

로마 황제의 친위대 병사

로마의 화폐

토지 개혁 법안을 실시하는 3인 특별 위원회에는 그라쿠스 형제와 장인인 압피우스가 뽑혔습니다.

한 번밖에 하지 못하게 되어 있는 호민관* 자리에 다시 출마한 티베리우스는 반대파의 무장 시위를 불러일으켜 3백여 명의 일파와 함께 죽음을 당했습니다.

그 뒤 티베리우스의 동생 가이우스가 기원전 123년에 호민관에 당선되었습니다. 가이우스는 형이 이루지 못한 대담한 개혁을 곧 실행에 옮겼습니다.

***호민관**

고대 로마의 평민 보호를 위한 관직이다. 정원 10명, 임기 1년으로 평민의 투표로 선출되었다. 원로원이나 집정관의 결정에 대하여 거부권을 가지며 평민회의 의장이 되었다.

공화정 말기에는 권한이 늘어 정쟁의 원인이 되었다.

*그라쿠스 형제
고대 로마의 정치가로, 형과 아우 모두 호민관이 되어 형은 토지 점유의 제한과 자작농의 재건을 포함하는 신 토지법을 성립시켰지만 반대파에 살해되었다.
아우 또한 원로원의 세력을 약화시키려다가 실패하여 자살하였다.

가이우스 그라쿠스의 개혁 시도는 형보다 훨씬 폭넓은 것이었습니다.

"로마의 질서를 바로잡고, 시민들의 불만을 가라앉히는 길은 오직 하나, 그들의 생활을 안정시켜 주는 것이오."

이렇게 형을 이어 동생 가이우스 그라쿠스*의 개혁의 꿈은 계속되었습니다.

카르타고의 유적지

카르타고의 로마 유적지에서 나온 모자이크

이듬해에도 가이우스는 호민관에 다시 뽑혀 포에니 전쟁으로 폐허가 된 해외 식민지를 재건하러 아프리카로 건너갔습니다.

그리고 카르타고* 식민지의 건설, 라틴인에 대한 로마 시민권, 이탈리아인에 대한 라틴 시민권을 추진했지만, 원로원의 반대로 실패로 돌아가고 말았습니다.

이리하여 가이우스 그라쿠스는 원로원을 비롯한 반대파의 끊임없는 방해와 보복에 시달리다가 스스로 목숨을 끊었습니다.

*카르타고
고대 페니키아인에 의하여 북부 아프리카에 세워진 식민 도시이다.
기원전 6세기에 서지중해의 무역을 장악하여 번영하였으나, 포에니 전쟁에서 패하여 로마의 속주가 되었다.
제정기의 황금기를 거쳐 7세기 말 아라비아인에게 파괴되었다.

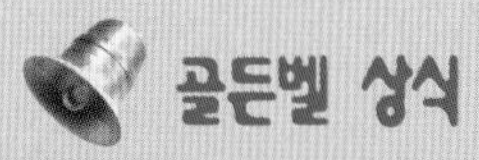

로마 도로의 실용성

'모든 길은 로마로 통한다.' 라는 말은 결코 과장된 것이 아니다.

600만 제곱킬로미터에 이른 대제국을 이룩한 로마는 식민지 각지에 도로망을 건설하여 군사, 치안, 징세용으로 이용하였다.

로마 도로는 대부분 직선 도로이다. 두 점 사이의 최단 거리를 취하기 위해 직선 도로를 고집했으며, 따라서 산이 있으면 깎고 골짜기에는 다리를 놓았다.

토목 공학적으로도 구조가 우수하였다. 큰 돌을 깐 다음 다시 자갈이나 모래를 깔고 노면을 화강암이나 화산회로 포장을 했다. 특히, 기원전 312년에 건설된 로마에서 카푸아에 이르는 아피아 도로는 세계 최초의 포장도로로, 지금도 사용되고 있을 정도로 튼튼하다. 또한, 횡단보도의 시초를 로마의 폼페이 유적에서 볼 수 있다. 도로의 몇 군데에 디딤돌을 놓아 비가 내릴 때 옷을 적시지 않고도 길을 건널 수 있도록 해 놓았다. 물론 도로 양쪽 옆에 보도가 있었음은 말할 나위도 없다.

로마 시대의 수도교

그라쿠스 형제가 죽자, 토지 개혁이 물거품이 되어 부자들은 한없이 재산을 늘려나가고 로마는 마구 갈라져 혼란에 빠져들었습니다.

그라쿠스 형제의 개혁 시도가 실패한 것입니다.

그러나 결과적으로 지주 편인 귀족당과 시민 편인 평민당이 생기는 계기를 마련해 주었습니다. 그리고 계속되는 로마의 부패와 시민의 불만은 로마 공화정의 종말을 재촉하게 되었습니다.

*** 마리우스**
고대 로마 공화정 말기의 장군이며 정치가이다. 평민당의 영수로 게르만의 침입을 막고 부민당의 술라와 겨루어 한때 승리했으나 사후 평민당은 패하였다.

그럴 즈음 기원전 107년에 기사층의 지지로 보잘것없는 가문 출신의 마리우스*가 집정관에 당선되었습니다.

유그르타 정벌군의 사령관에 임명된 그는 지원병을 모아 나라 부담으로 군대를 엄격하게 훈련시켰습니다.

로마 원로원이 썩어 가고 점점 그 힘이 약해지고 있을 때 마리우스가 나타난 것입니다.

마리우스의 대리석상

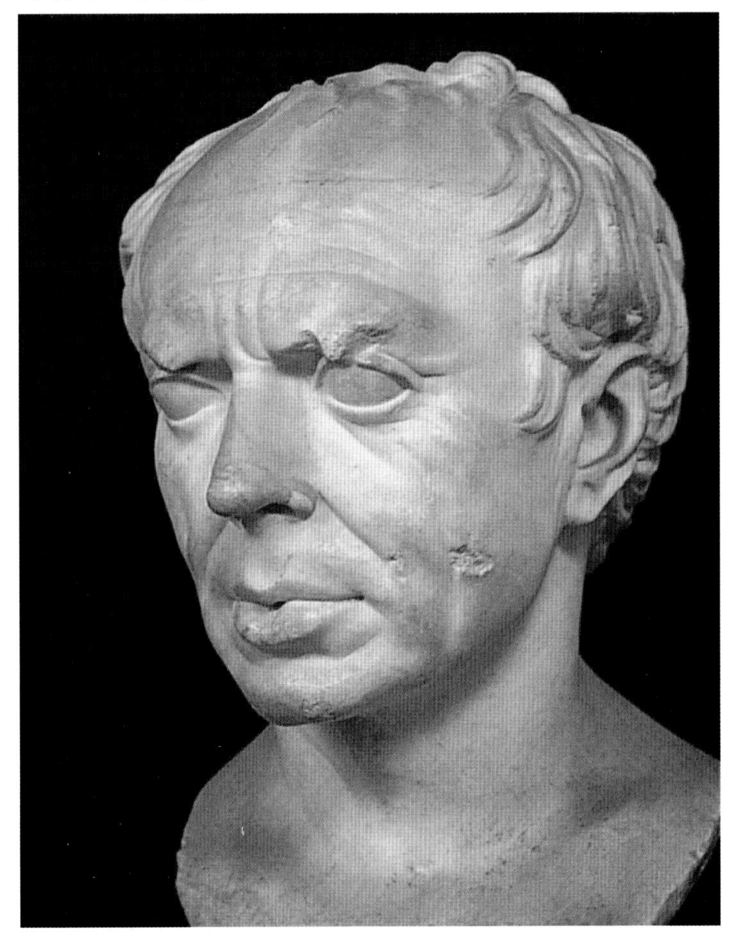

마리우스는 군대를 이끌어 유그르타를 들이치고 왕을 포로로 잡아 로마로 돌아왔습니다.

“영웅 마리우스 만세!”

로마 시민들은 마리우스를 떠받들었습니다.

두 번째로 집정관에 뽑힌 마리우스는 북방으로 군대를 이끌고 나아가 외적을 쳐부수고 돌아왔습니다.

그리하여 또다시 그의 인기는 치솟았습니다.

로마 군사들과의 싸움

그 뒤, 마리우스는 해마다 계속하여 6번이나 집정관에 당선되었습니다. 마리우스는 군사 개혁으로 자신이 만든 군사들을 군인에서 물러나게 하고 많은 토지를 주어서 해외 식민지에 나가 살게 하였습니다. 그렇지만 이러한 군사 개혁 또한 중대한 정치 문제를 불러일으켰습니다.

로마의 영웅 마리우스

마리우스 이후의 군대 조직이 로마에 충성하기보다는 장군을 위해 목숨을 바치는 사사로운 사병 집단이 되어 버린 것입니다.

이리하여 장군들 간에 싸움이 벌어져 1백여 년 동안 내전(나라 안 전쟁)이 일어났고 외적과의 전쟁도 끊임이 없었습니다.

그런 가운데 로마인 8만 명이 떼죽음을 당하는 학살 사건도 일어났습니다.

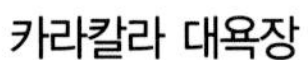
카라칼라 대욕장

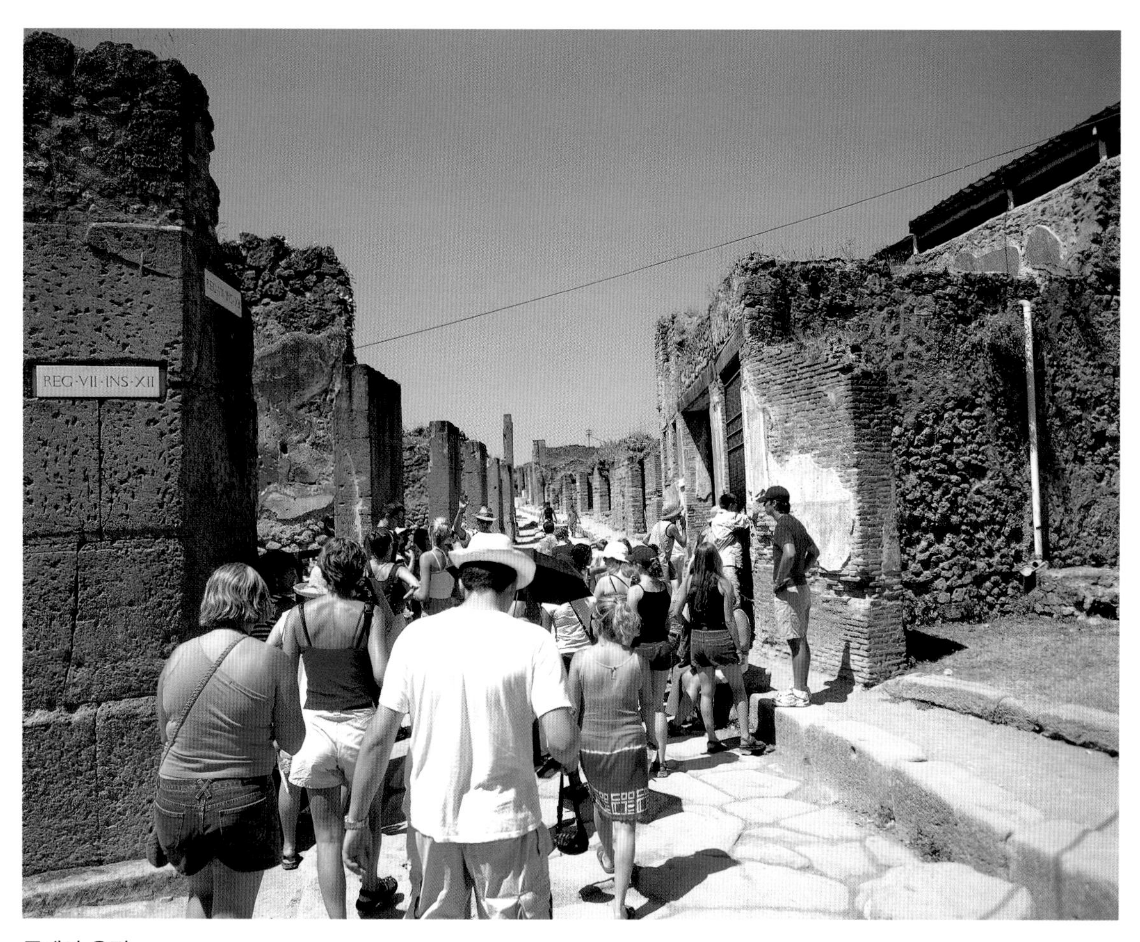

폼페이 유적

기원전 86년에는 술라*가 집정관에 당선되었습니다. 그렇지만 마리우스 일파와 술라 일파가 싸우는 내란이 일어나 마리우스가 7번째로 집정관에 당선되었습니다. 그러나 마리우스가 병으로 죽자 술라가 정권을 잡게 되었습니다. 내란으로 한쪽이 정권을 잡으면 반대파는 으레 죽음을 당하는 무시무시한 일이 벌어졌습니다. 그러나 독재자 술라도 병으로 죽었습니다.

***술라**
하급 귀족의 집안에서 태어난 고대 로마의 장군이며 정치가이다.

2 폼페이우스의 활약

기원전 2세기 후반, 호민관이 된 그라쿠스 형제의 개혁을 위한 노력은 원로원의 반대로 실패로 끝나고, 로마 사회의 혼란은 계속 이어졌습니다.

그 이후, 원로원 중심의 정치 세력에 대항하는 평민파의 대립이 나타나고, 전쟁과 노예의 반란 등이 일어나 로마의 혼란은 절정에 이르렀습니다.

이렇게 로마가 내란 상태에 빠졌을 때, 사병을 거느린 장군들이 세력을 잡아 원로원은 유명무실하게 되었습니다.

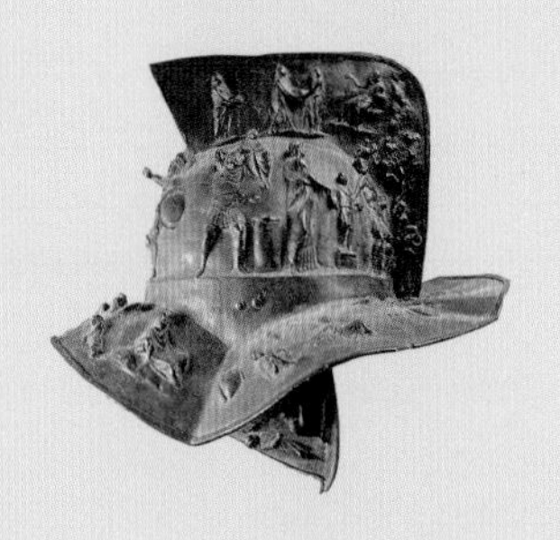

폼페이의 유적

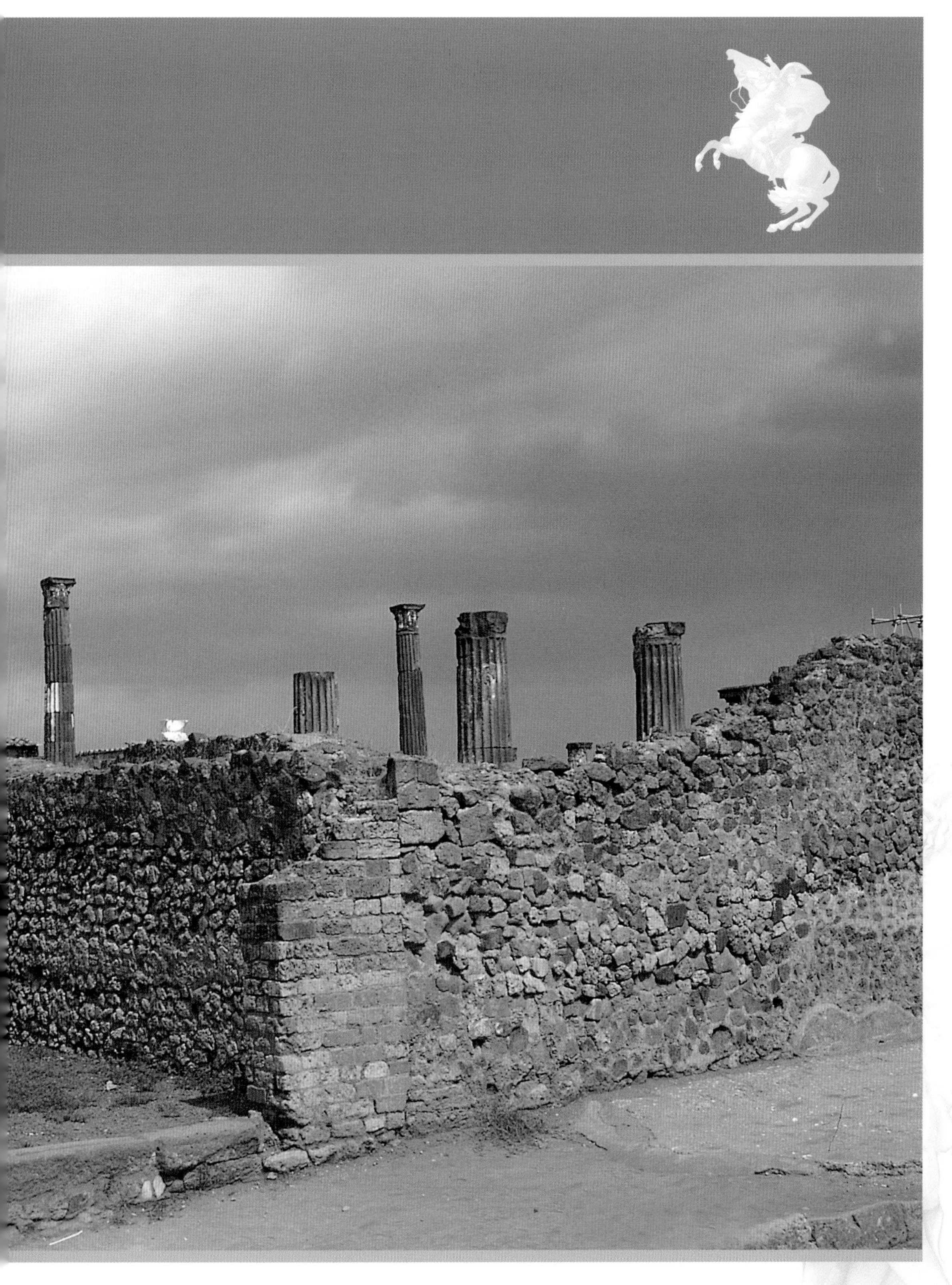

스파르타쿠스의 반란

*카푸아

고대와 중세에 가장 발달했던 도시로, 기원전 471년 무렵에 에트루리아인에 의해 건설되었으리라고 추측된다.

카푸아 유적

로마 정부는 폼페이우스를 집정관 대리로 뽑았습니다. 폼페이우스는 에스파냐에서 일어난 반란을 꺾고 로마 시민의 인기를 한몸에 받았습니다. 그러나 항상 웃고 있는 그의 마음속에는 로마의 가장 강력한 권력을 쥐려는 야망이 꿈틀거리고 있었습니다.

이 무렵에 '스파르타쿠스의 반란' 이 일어났습니다. 노예 스파르타쿠스가 훈련소에서 탈출하여 반란을 일으킨 것입니다.

노예들의 반란은 예전에도 있었지만, 카푸아*에서 시작된 이번 반란은 좀 달랐습니다.

에스파냐인 기사에게 라틴 시민권을 준다는 내용의 포고문

카푸아 경기장 유적

스파르타쿠스 영화의 한 장면

기원전 73년 캄파티아 지방의 카푸아에 있던 검투사 양성소에서 78명의 검노(칼싸움 경기를 벌이는 노예)들이 탈출을 감행하였습니다. 그 지도자가 스파르타쿠스였습니다.

노예들이 그의 뒤를 따라서 7천 명이나 불어났는데, 로마 토벌군을 여러 차례 무찌르는 바람에 빈민까지 합쳐져서 그 무리가 6만 명이나 되었습니다. 그들은 남부 이탈리아를 차지했습니다.

갈리아 군사와 로마 군사의 대결

"약탈을 하는 자는 모두 목을 베어 버리겠다!"

스파르타쿠스는 싸움에서 이겨 얻은 물품을 부하들에게 골고루 나누어 주었습니다.

기원전 72년, 로마 군대를 쳐부수고 북이탈리아의 포 강가에 이르자 스파르타쿠스는 갈리아*인 노예들을 고향으로 돌려보내려고 했습니다.

그러나 그들은 고향에 돌아가는 것보다는 약탈을 원하였으므로 다시 남쪽으로 내려와 세 번째로 로마 군대를 쳐부수었습니다.

***갈리아**

고대 유럽의 켈트인이 살던 지역으로, 현재의 프랑스, 벨기에 전역과 이탈리아 북부, 독일의 라인강 왼쪽 강가, 스위스의 대부분을 포함한다. 기원전 1세기 카이사르에게 정복되어 로마령이 되었다.

폼페이에서 발견된 투구

> **＊지중해**
> 대서양과 면한 바다로, 유럽, 아시아, 아프리카의 세 대륙에 둘러싸여 동쪽은 홍해와 인도양, 서쪽은 대서양으로 통하며, 북쪽에는 흑해가 있다. 경제적으로나 군사적으로 중요한 지역이다.

노예군은 남이탈리아에서 시칠리아 섬으로 건너가려고 하다가 로마군에 쫓겨 아폴리아에서 전투를 벌였습니다.

이때, 스파르타쿠스를 비롯한 주력 부대가 전멸하고, 로마군은 포로 6천여 명의 노예들을 십자가에 매달아 길가에 줄줄이 세워 놓았는데, 그 길이가 무려 수십 리나 되었다고 합니다.

스파르타쿠스의 조각상

조각품〈죽어가는 가울〉

농민 반란을 잠재운 폼페이우스

에스파냐에서 반란을 일으킨 세르토리우스를 토벌하고 돌아오던 폼페이우스는 도망치던 노예군 5천여 명마저 전멸시켰습니다. 그 뒤, 영웅적인 스파르타쿠스의 발자취는 전설로 전해 내려오게 되었습니다.

이때 로마에 또 한 가지 골칫거리가 생겼습니다. 그것은 함대까지 거느리고 지중해*를 주름잡는 해적들의 세력이었습니다. 해적들은 해외 식민지에서 로마로 들어가는 곡물과 물품을 약탈했습니다.

기원전 67년 호민관 가비니우스*는 해적 토벌을 위한 법을 내놓았는데, 그것은 3년 동안 지중해 지역에서 절대적인 명령권을 갖는 사령관을 선출하자는 것이었습니다.

*가비니우스
고대 로마의 정치가이다. 호민관으로서 폼페이우스에게 지중해의 해적 소탕권을 부여받은 후 종군하여 유대의 내분에 개입하였다. 기원전 59년에는 시리아 총독이 되어 유대 문제, 타르티아 전쟁 등에서 활약하였다. 기원전 54년 귀국하여 추방, 복권의 영욕을 겪었고, 후에 진중에서 병사하였다.

폼페이우스

제1회 삼두 정치를 편 정치가의 한 사람으로, 부친으로부터 물려받은 피케늄의 땅을 군사적 · 정치적 · 경제적 지반으로 삼아 정치 세계에 등장하였다.

기원전 83년 초, 혼자의 힘으로 피케늄 땅에서 대군을 소집하여 주목을 받았으며, 술라 밑에서 장군으로서 활약하고, 특히 시칠리아, 아프리카에서 마리우스파의 잔당을 토벌하였다. 술라가 죽은 후에도 술라 체제의 수호, 유지에 온 힘을 쏟았으며 이베리아 반도의 세르토리우스를 격파한 후, 돌아오는 길에 스파르타쿠스의 반란을 완전히 진압하였다.

그리고 제2회 개선식을 하고 크라수스와 함께 기원전 70년 콘술로 선출되었으며, 술라의 재판 관계의 규정을 변혁하여 호민관의 권한을 회복하였다.

*아르메니아
이란, 터키와 접경하고 있는 공화국이다. 1991년 소련의 해체와 함께 독립국이 되었다.

원로원의 반대에도 불구하고 이 법이 통과되어 폼페이우스가 사령관이 되었습니다. 폼페이우스는 세르토리우스의 반란을 잠재웠을 뿐만 아니라, 스파르타쿠스의 반란도 마무리 지은 인물로 크게 신임을 얻고 있었기 때문입니다. 폼페이우스는 이 시대 최고의 영웅으로 존경을 받게 되었습니다. 폼페이우스는 10만의 군사와 5백 척의 함대를 거느리고 지중해로 나아가 해적을 소탕했습니다.

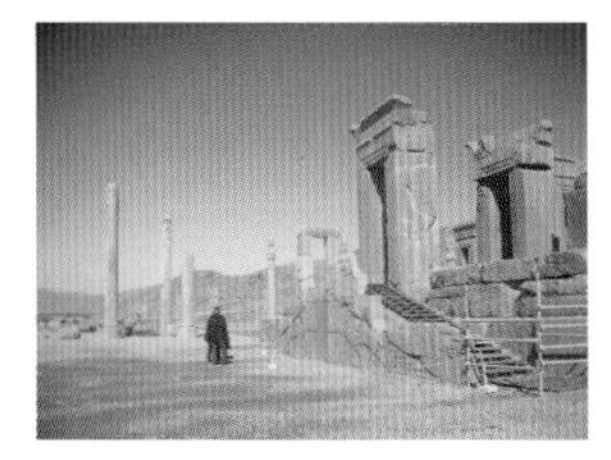
아르메니아 유적

고대 아르메니아 유적

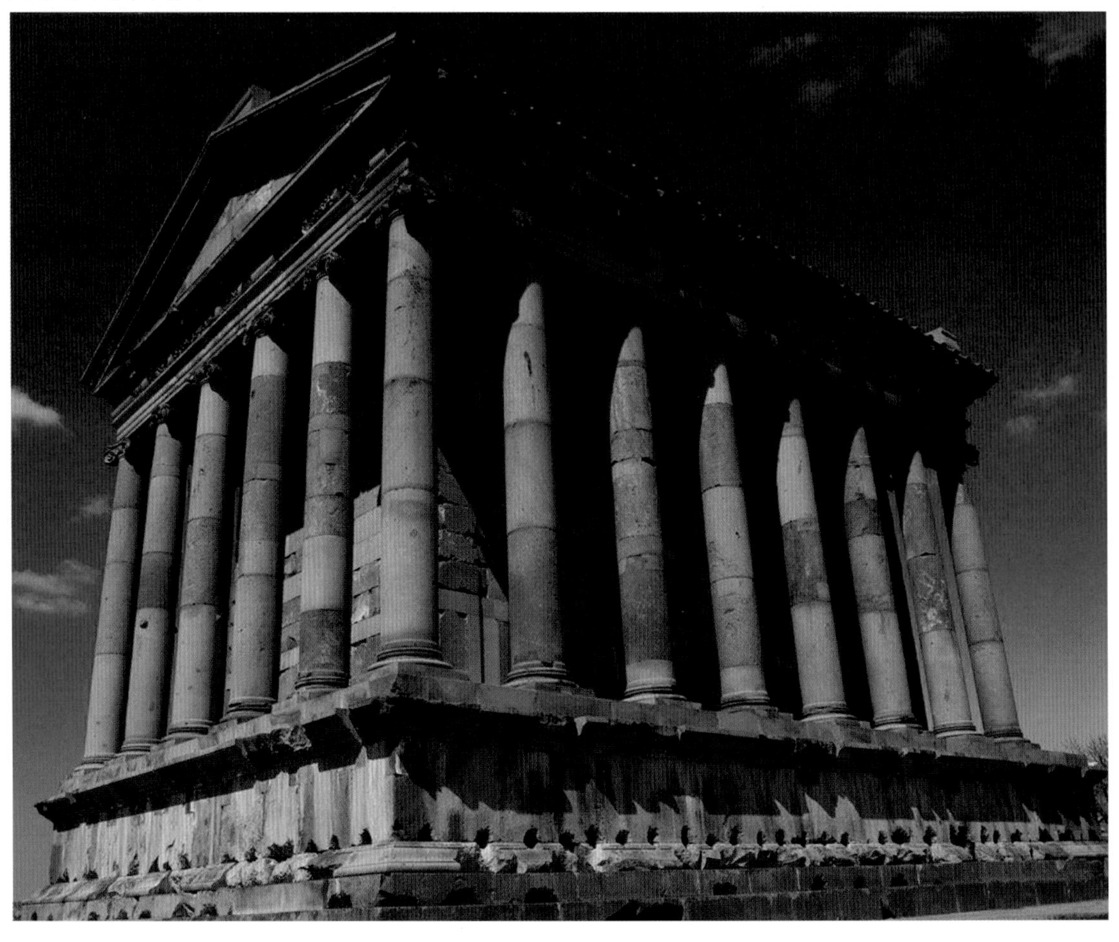

그 뒤로 폼페이우스는 아르메니아*를 보호국으로 만들고, 시리아* 왕국을 속주(로마의 한 주로 끌어들임)로 삼았으며, 팔레스타인 지역을 로마에 물품을 바치며 따르는 종속국으로 만들었습니다. 폼페이우스가 3년 동안 많은 업적을 쌓아 로마의 힘은 지중해와 흑해에까지 뻗쳤습니다.

***시리아**
알렉산드로스 대왕의 한 부장이었던 셀레우코스 1세가 세운 왕국이다. 시리아를 중심으로 소아시아, 인도에까지 세력을 떨쳤다. 그의 아들 안티오코스 1세 이후 4세에 이르는 동안 왕실의 내분 등으로 폼페이우스에게 정복되어 로마의 속주가 되었다.

황혼의 시리아 왕국유적

3 제1차 삼두 정치

로마 사회의 혼란 속에서 사병화된 군대를 이끈 군 지휘관들이 정권을 잡게 되어, 카이사르, 크라수스, 폼페이우스에 의한 제1차 삼두 정치가 시작되었습니다.

카이사르는 폼페이우스를 제거하고 정권을 장악한 후, 여러 가지 개혁을 단행하였으나, 전제 정치를 꾀한다는 의심을 받아서 브루투스를 비롯한 공화파에게 암살되고 말았습니다.

그 후, 옥타비아누스, 안토니우스, 레피두스에 의한 제2차 삼두 정치가 실시되었습니다.

원로원에서 연설하는 키케로

국부의 칭호를 받은 키케로

카틸리나는 유명한 가문 출신이지만 많은 빚을 진 채로 집정관 후보에 나섰고, 선거 결과 키케로가 당선되었습니다. 다음에도 카틸리나는 집정관 선거에서 떨어지고 말았습니다.

화가 난 그는 엄청난 생각을 하였습니다.

'군대로 로마 정부를 뒤엎자!'

카틸리나는 에트루리아*에 있는 술라의 부하들을 모아 로마로 쳐들어가려다가 집정관 키케로에게 들켰습니다.

키케로는 원로원으로 하여금 계엄령을 선포하도록 하여 카틸리나를 체포하려고 하였습니다.

*에트루리아
중부 이탈리아의, 고대에 에트루리아인이 살던 지역으로, 현재의 토스카나 지방이다.
12개의 도시에 의한 종교적 동맹으로 맺어져 기원전 6세기 무렵에 가장 번영하였으나, 기원전 3세기 무렵 로마에 정복되었다.

로마 시대의 전차 경기 모습

그러자 카틸리나는 에트루리아로 도망치고 그 일파는 반란 음모를 꾀했습니다. 키케로는 음모자 5명을 체포하여 원로원에 사형으로 다스릴 것을 요청했습니다. 당시 법무관이었던 카이사르가 반대했으나 결국 그들은 사형에 처해졌습니다.

카틸리나는 갈리아로 도망쳤다가 뒤쫓아 온 로마군과 싸우다가 목숨을 잃었습니다. 키케로는 인기가 높아져 '조국의 아버지' 라는 칭호까지 받았습니다.

***호르텐시우스 법**
기원전 287년 호르텐시우스의 제안으로 제정된, 고대 로마의 법률이다. 이 법률에 의하여 평민회도 독자적인 입법권을 행사할 수 있게 됨에 따라 귀족과 평민의 신분 투쟁을 종결시켰다.

골든벨 상식

키케로

키케로는 로마 시 남동쪽 아르피늄(아르파노)의 귀족 집안에서 태어났다. 로마로 나가서 선배 정치가들로 이루어진 문화적 그룹과 가까이하였으며, 기원전 81년에는 법정 변론가로 나서 성공을 거두었다.

기원전 79~기원전 77년에 동방에서 유학하였고 아테네, 소아시아, 로도스에서 수학하였다. 그 후 원로원 의원이 되었고, 기원전 75년에 재무관으로서 시칠리아에 부임하였다. 이때의 인연으로 기원전 70년에는 시칠리아 주민의 보호자로서 시칠리아의 악질 총독 베레스를 법정에 세웠고, 당시 최고의 변론가였던 호르텐시우스와 논쟁을 벌여 승리하였다.

기원전 63년에는 빈민의 불만을 이용해서 반란을 일으키려던 카틸리나 일파의 음모를 진압하여 '국부' 의 칭호를 받았다.

그때의 〈카틸리나 탄핵 연설〉도 유명하다. 그러나 그의 원로원 중심 노선은 민중파 정치가들의 반발을 사게 되어 기원전 58년에 그는 로마에서 추방되었다. 기원전 49년 이후의 카이사르와 폼페이우스의 내란에서 폼페이우스를 지지하였고, 폼페이우스가 패배한 후 카이사르의 관용으로 로마로 돌아왔다.

카이사르 동상

카이사르의 독재 정치

기원전 61년에 폼페이우스가 동방을 다스리고 로마로 돌아왔습니다. 온갖 보물을 가득 실은 수레가 따르는 그 행렬은 장엄하고 엄숙했습니다.

폼페이우스는 개선식이 끝나자 군대를 해산하고 원로원에 예의를 표하며 약 4만 명의 퇴역 군사들에게 토지를 나누어 줄 것을 요청했습니다. 그러나 원로원이 이를 거부했습니다. 폼페이우스는 궁지에 몰리자 에스파냐에 다녀온 카이사르와 손을 잡았습니다. 카이사르는 원로원에 집정관 직책을 달라고 하였다가 거절당했습니다.

폼페이우스와 카이사르는 최고의 부자인 크라수스*도 자기들 편으로 끌어들였습니다.

*크라수스
로마의 정치가로, 기원전 60년 폼페이우스, 카이사르와 함께 제1차 삼두 정치를 하였다.

카이사르의 옆면 그림

> *율리우스력
> 고대 로마의 역법에서 발달한 역법으로, 기원전 46년 카이사르의 명으로 제정된 것이다. 많은 역법 중 가장 널리 오래 사용되었다.
> 1582년 이를 대신하여 제정된 그레고리력과 비교할 때 400년에 한 번 윤일을 빼지 않은 점만이 다르다.

다음 해에 카이사르는 집정관 선거에 출마하여 당선되었습니다. 그러자 카이사르는 폼페이우스가 주장한 것을 다시 원로원에 찬성해 달라고 제의했습니다.

이번에도 원로원이 거부했습니다.

"하는 수 없이 민회에서 통과시켜야겠소!"

카이사르는 이 법안을 민회에 넘기고 폼페이우스의 퇴역병으로 하여금 반대파를 몰아내게 하여 통과시켰습니다.

카이사르와 폼페이우스, 크라수스 이 세 사람은 힘을 합하여 로마를 다스리게 되었습니다. 바로 이것을 '제1회 삼두 정치'라고 합니다. '삼두'란 세 사람을 뜻하며, 여기서는 카이사르, 폼페이우스, 크라수스를 말합니다.

폼페이우스 동상

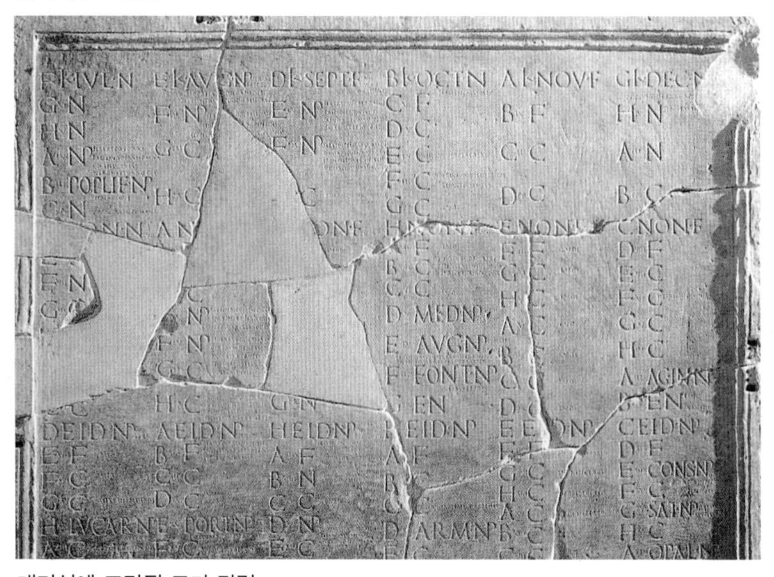

대리석에 조각된 로마 달력

크라수스의 조각상

멋지게 말타고 전쟁터로 출발하는 카이사르

카이사르 동상

사회를 개혁하여 사회의 혼란을 안정시키려고 한 그라쿠스 형제의 노력이 실패로 끝난 뒤, 로마는 군사를 거느린 장군들이 정치의 지배권을 잡게 된 것입니다.

카이사르는 시민의 지지로, 폼페이우스는 군대로, 크라수스는 재산의 힘으로 권력을 잡았습니다. 이 세 사람의 약속은 비밀리에 진행되었습니다.

그 후, 카이사르의 외동딸 율리아와 폼페이우스가 결혼하게 됨으로써 두 사람의 관계는 더욱 두터워졌습니다. 로마의 운명은 원로원에서 이 세 사람의 손아귀로 넘어간 것입니다.

로마의 랜스군대의 종류(창 던지는부대)

켈트 족의 기사와 에스파냐 군사

로마 기병대와 원주민 기병

이베리아의 기수와 켈트

켈트 족의 공격군과 기수

그러나 기원전 54년에 율리아가 죽고, 이듬해에 크라수스가 동방 원정에서 죽자, 삼두 정치는 균형이 깨어지게 되었습니다.

결국, 폼페이우스와 카이사르가 맞서게 되었는데, 이 싸움에서 카이사르가 이기게 됨으로써 그의 독재 정치가 시작되었습니다.

4 정복 길에 오른 카이사르

제2차 삼두 정치가 시작된 후, 레피두스는 곧 세력을 잃어버렸지만, 안토니우스는 로마의 동부를 지배하고 옥타비아누스는 서부를 지배하였습니다.

이때, 동방 원정길에 오른 안토니우스는 이집트의 아름다운 여왕 클레오파트라와 사랑에 빠져 로마 장군으로서의 사명을 망각하게 되었습니다. 그는 클레오파트라와 결혼하고 로마 영토의 일부를 선물로 주었습니다.

그러자 기원전 31년 옥타비아누스는 국가를 배반한 안토니우스를 징벌한다는 명분으로 악티움 해전에서 안토니우스와 클레오파트라의 연합군을 격파하고, 로마의 지배권을 장악하였습니다.

루비콘 강을 건너는 카이사르

에스파냐의 총독이 된 카이사르

> *로도스 섬
> 지중해 동부 에게 해 남동쪽 끝에 있는 그리스령의 섬이다.

카이사르는 전설적인 로마의 조상인 아이네아스의 계보에 딸린 귀족 집안이었습니다.

그는 다른 명문가 자녀들과 마찬가지로 수사학과 변론술을 배우기 위해 로도스 섬*으로 유학을 떠났습니다.

하드리아누스 황제의 신전 유적

팔레스타인에 있는 로마의 수도 유적

그런데 에게 해를 항해하던 도중 카이사르는 해적에게 붙잡히고 말았습니다.

"자, 죽지 않으려거든 몸값을 내라."

해적이 손가락으로 액수를 꼽아 보이자 카이사르는 껄껄 웃었습니다.

"겨우 그것이 내 몸값이란 말이냐? 그 열 배를 주마."

카이사르는 함께 온 하인에게 돈을 가져오라고 했습니다.

카이사르는 혼자 무인도에 남아 하인들이 돈을 가져오기를 기다렸습니다. 그는 무인도에서 독서를 하고 시와 연설문을 쓰면서 해적들을 마음대로 명령했습니다. 해적의 두목이 잘 모시라고 하였기 때문에 해적들은 카이사르의 명령에 복종했습니다.

하인이 몸값을 듬뿍 가져오자 그것을 주고 카이사르는 풀려났습니다. 풀려난 카이사르는 항구로 가서 배와 군사를 샀고, 자기를 납치했던 해적들을 몽땅 잡아 죽였습니다.

그 뒤, 카이사르는 로마의 여러 관직을 두루 거치며 많은 돈을 뿌려서 시민들에게 인기를 얻었습니다. 또, 돈과 군대를 이용하여 에스파냐의 총독 자리도 얻었습니다.

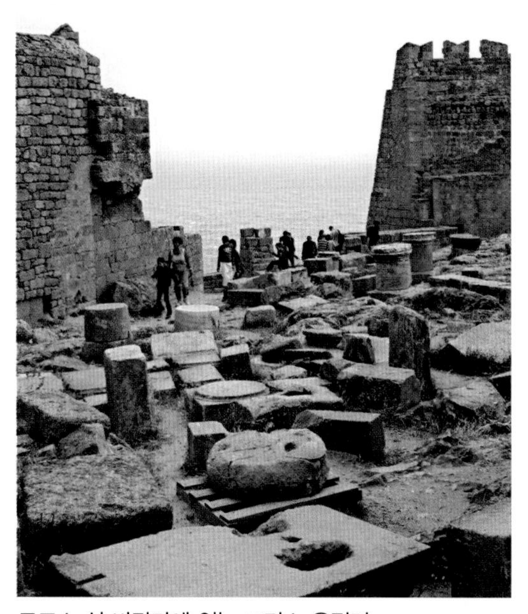
로도스 섬 바닷가에 있는 그리스 유적지

로도스 섬에 있는 강

카이사르가 에스파냐로 떠나려고 하자 빚쟁이들이 몰려왔습니다. 카이사르는 로마 제일의 부자 크라수스에게 돈을 빌려 빚을 갚고 에스파냐로 떠났습니다.

에스파냐로 간 카이사르는 로마에 복종하지 않는 자들을 닥치는 대로 무릎 꿇리고 항복해 오는 자들을 후하게 대접했습니다.

또, 카이사르는 쌓이는 재산은 부하들에게 골고루 나누어 주어 그들이 충성하도록 하였습니다.

로도스 섬의 아름다운 해수욕장

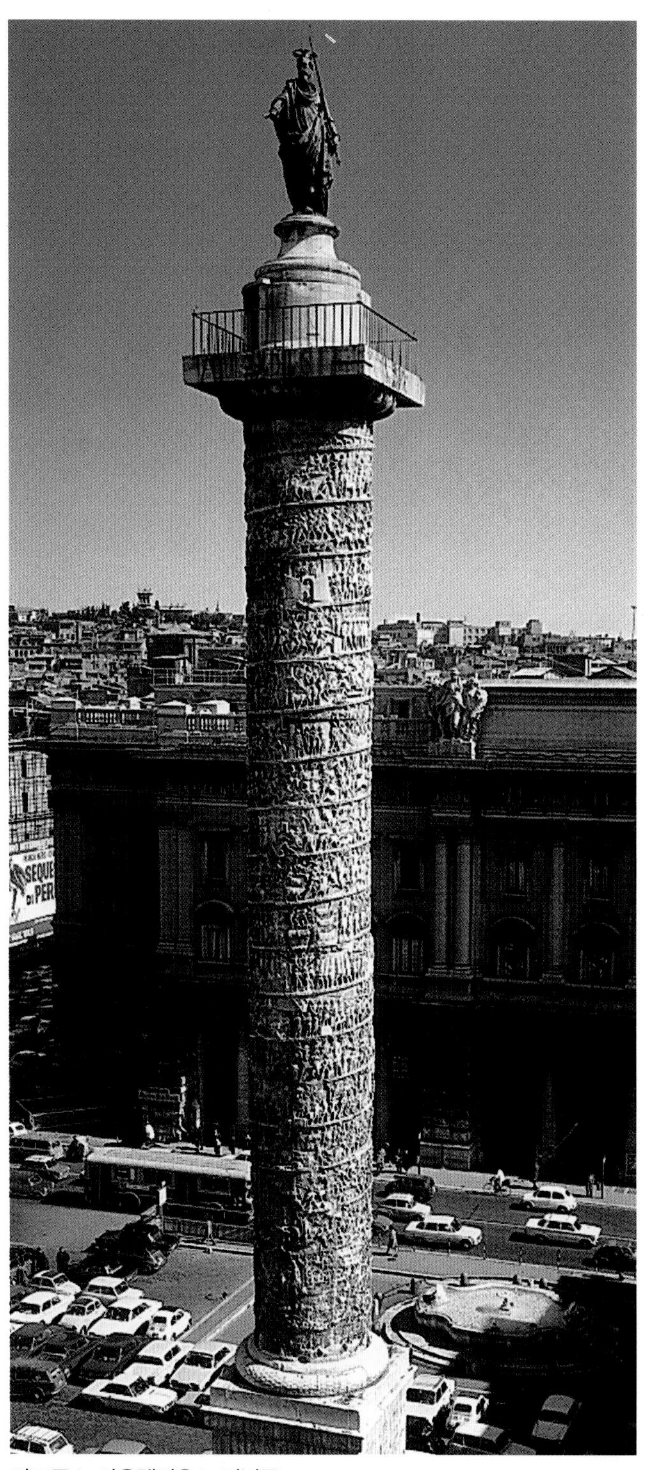

마르쿠스 아우렐리우스 기념주

에스파냐 총독으로 많은 돈과 인기를 모은 카이사르는 귀국하여 집정관에 출마했으며 기원전 60년에 당선되었습니다.

이때 그는 원로원을 따돌리고 폼페이우스, 크라수스와 함께 이른바 삼두 정치를 하게 되었습니다.

그렇지만 카이사르는 키케로를 자기 편으로 끌어들이지 못했습니다.

결국, 로마 시민들에게 우러름을 받았던 키케로는 추방당했습니다. 집정관의 임기를 끝낸 카이사르는 5년 동안 갈리아 총독으로 부임하는 승인을 얻어 정복의 길에 나섰습니다.

군대를 이끈 카이사르가 갈리아 지방에 닿자, 그들은 게릴라 전법으로 습격해 왔습니다

카이사르의 동상

＊게르만인

발트 해 연안을 근거지로 하고 북부 유럽 일대에 부족 국가를 세우고 농경과 목축에 종사하였다. 민족 대이동기에는 각지에서 왕국을 건설하여 중세 유럽의 기초를 쌓았다.

게르만의 군사

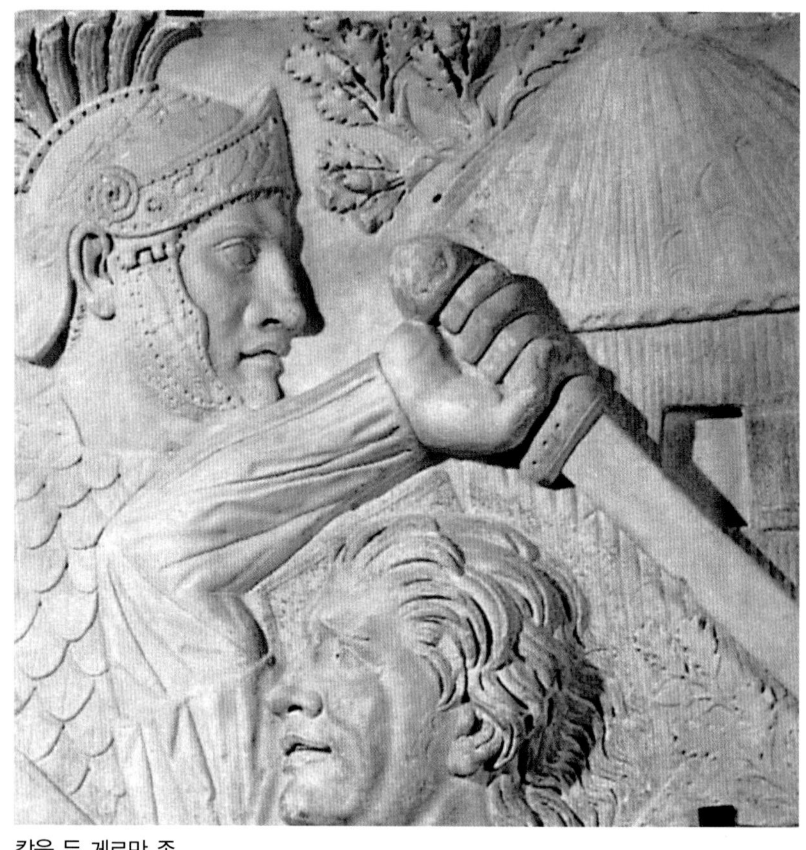
칼을 든 게르만 족

"내 뒤를 따르라!"

카이사르는 항상 앞장서서 싸워 부하들을 감동시켰습니다. 부하들을 내 몸같이 아끼는 카이사르였기에, 로마군은 목숨을 바쳐 가며 따랐습니다.

갈리아 지방을 정복한 카이사르는 침입해 오는 게르만인*들을 라인 강 너머로 격퇴시켰습니다.

카이사르는 아예 라인 강을 건너 게르만인을 눌러 버리고 두 번이나 브리타니아(잉글랜드)로 쳐들어가기도 하였습니다. 이렇게 하여, 5년쯤 지났을 때는 알프스 이북의 전 갈리아 지방을 로마에 복종시켰습니다.

그렇지만 5년 임기가 끝나기를 기다린 적이 포위를 하고 공격하는 바람에 카이사르는 죽을 힘을 다해 싸워서 약 9년이 되었을 때에야 완전한 정복이 이루어졌습니다.

카이사르는 이때 엄청난 돈을 모아 빚을 갚고 부하들에게 나누어 주기도 하였으며, 또 자신의 강한 군대를 거느리게 되었습니다.

로마군을 나타낸 부조

로마의 정책을 결정하다

로마원로원 의원들의 모임

한편, 기원전 53년에 파르티아 원정을 떠난 크라수스가 죽음을 당하고, 폼페이우스와 결혼한 카이사르의 딸 율리아가 죽는 일이 일어났습니다.

이리하여 삼두 정치의 끈이 끊어지고 카이사르와 폼페이우스가 다투게 되었습니다.

카이사르파는 카이사르를 집정관에 당선시키든지, 갈리아 총독 임기를 더 연장해 달라고 요구했으나 폼페이우스와 원로원은 카이사르를 해임시키는 법안을 통과시켰습니다.

"로마 정부는 지금 폼페이우스에게 놀아나고 있다! 내가 로마로 달려가 저들의 음모를 쳐부술 것이다."

갈리아 로마 시대의 출토품인 투구(위쪽)와 청동제 갑옷

카이사르가 연설하자 부하들은 만세를 불렀습니다. 마침내, 카이사르가 거느린 4개 군단이 로마로 진격해 갔습니다.

루비콘 강가에 다다른 카이사르는 외쳤습니다.

"주사위는 이미 던져졌다!"

그리고 물속으로 말을 몰았습니다.

이 루비콘 강을 건너면 국법으로 반역자가 되어 죽게 된다는 것을 아는 군사들이었지만 그들은 기꺼이 카이사르를 따랐습니다.

폼페이우스는 싸워 이길 수 없음을 알고 그리스로 도망쳤습니다. 카이사르는 군대를 이끌고 텅 빈 로마로 들어와 피 한 방울 안 흘리고 쿠데타에 성공했습니다.

로마의 팔라티노 언덕에 있는, 황제들이 살았던 건축 구조물

폼페이 유적지

*프톨레마이오스
이집트의 왕으로, 알렉산더 대왕의 부하 출신이다. 프톨레마이오스 왕조를 창시하였으며, 기원전 305년, 알렉산드리아를 수도로 왕국을 세우고 친그리스 정책을 추진했다.

폼페이우스 편을 들던 원로원도 카이사르에게 쏠렸습니다. 카이사르는 모든 권력을 쥐고 폼페이우스를 추격했습니다. 폼페이우스도 10만 군사를 모아 그리스 북부의 파르살로스에서 카이사르 군대와 맞섰습니다.

이 결전에서 카이사르는 대승을 거두었으며 폼페이우스는 이집트로 달아났습니다.

이집트 왕은 카이사르가 추격해 오는 게 두려워서 폼페이우스를 환영하는 척하다가 암살해 버렸습니다.

카이사르는 폼페이우스의 목이 잘린 얼굴을 받아 보고 눈물을 흘렸습니다.

골든벨 상식

프톨레마이오스 왕조

헬레니즘 시대의 이집트 외래 왕조로, 초대 사트라프(태수) 시대를 포함하여 294년간 계속되었는데, 헬레니즘 4왕국 중에서 가장 번영하였고 존속 기간도 길었다.

프톨레마이오스 왕조의 최대의 해악은 이민족 왕가의 내부 부패였다. 2세로부터 시작된 형제혼, 자매혼은 극히 소수의 예외를 제외하고는 4세 이후 차츰 이 왕가의 근친결혼의 전통으로서 예사로운 일이 되어 버렸다.

누이와 질녀를 아내로 맞이한 프톨레마이오스 8세의 복잡한 결혼 관계는 국가의 파란으로까지 파급된 최악의 예이다. 그중 가장 치명적인 실책은 로마에 대한 것이었는데, 로마와는 처음부터 우호 관계를 유지해 왔으나, 이것이 도리어 간섭을 가져오는 결과가 되었다.

게다가 내분이나 재정난의 해결책을 로마에 의존하였기 때문에 왕국을 로마에 종속시키는 결과가 되었다. 그리하여 마지막에는 로마의 외적인 압력에 의한 클레오파트라 7세의 비극을 남기고 이 외래 왕조도 멸망하였다.

왔노라, 보았노라, 이겼노라

이 무렵 이집트는 남매간인 프톨레마이오스 13세와 클레오파트라*가 권력 다툼을 벌였습니다.

클레오파트라는 대단한 미인이었는데 그녀는 카이사르를 이용하여 왕권을 차지할 음모를 꾀했습니다.

"이집트에서 선물을 가져왔습니다."

한 신하가 이집트에서 온 선물이라며 커다란 상자를 카이사르 앞에 가져왔습니다.

*클레오파트라

이집트 프톨레마이오스 왕가 최후의 여왕이다. 남동생 프톨레마이오스 13세와 결혼하여 이집트를 공동으로 통치하였으나, 카이사르의 힘을 빌려 프톨레마이오스 13세를 쫓아내고 왕위에 올랐다.

그녀는 한때 카이사르를 따라 로마에 가서 있었으나, 카이사르가 암살된 후 이집트로 돌아왔다. 그 후 안토니우스와 결혼하였고, 안토니우스가 옥타비아누스와 싸워 패하자 독사에 물려 자살하였다.

안토니우스와 클레오파트라

클레오파트라

폼페이의 시가

카이사르는 상자가 놓인 곳으로 발을 옮겼습니다. 상자를 풀어 본 카이사르는 깜짝 놀랐습니다.

상자 안에서 대단한 미인인 이집트의 여왕 클레오파트라가 나왔기 때문입니다.

이렇게 카이사르에게 접근한 클레오파트라는 왕권을 차지하였고 두 사람은 1년 남짓하게 달콤한 시간을 보냈습니다.

당시 20세였던 클레오파트라는 9개국 말에 능통한, 현명하고 야심으로 가득 찬 여성이었습니다. 역사는 그녀가 매력이 넘치고 남성을 다룰 줄 아는 여인이라고 기록하고 있습니다.

로마 시대의 항아리

카이사르 앞에 나타난 클레오파트라

클레오파트라와 사랑에 빠진 카이사르는 그해 겨울을 이집트에서 보냈고, 클레오파트라는 로마에 와서 그의 아들 '케사리온'을 낳았습니다.

크라수스도, 폼페이우스도 없는 로마에 카이사르는 유일한 절대 권력자가 되어 되돌아왔습니다. 이집트와 소아시아를 정복하고 돌아온 카이사르를 위하여 여태까지 본 적이 없는 사상 최대의 화려한 개선 행사가 펼쳐지기도 했습니다.

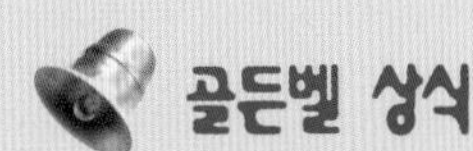

<갈리아 전기>

기원전 58~기원전 51년의 카이사르의 갈리아 원정기이다.

8년에 걸친 원정의 기록을 1년마다 한 권씩 8권으로 정리하였다. 1권부터 7권까지는 카이사르 자신이 쓰고, 마지막 한 권은 그가 죽은 후 부하인 히르티우스가 썼다.

이 전기는 고대 갈리아 연구의 귀중한 역사서임과 동시에 군인다운 간결하고도 평이하며 힘 있는 문체로 라틴 문학사상 높은 평가를 받고 있다.

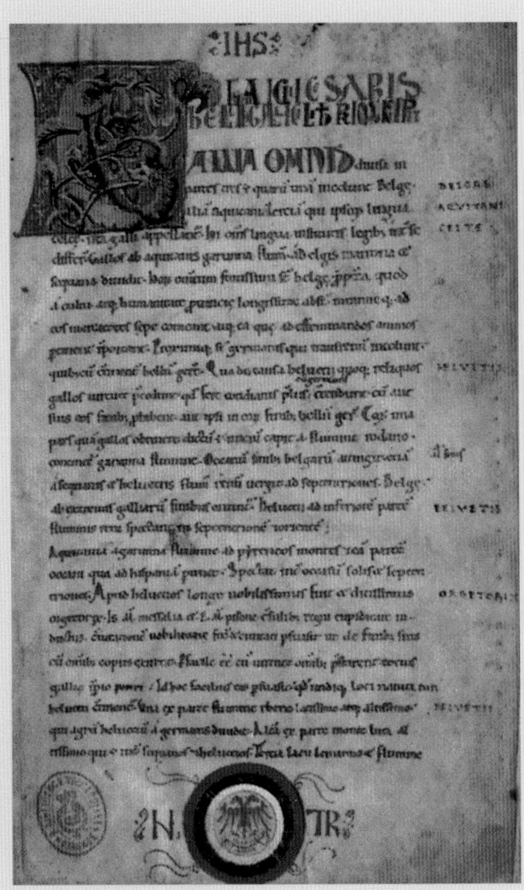

카이사르가 주변 지역의 원정에 대하여 쓴 책인 〈갈리아 전기〉

시리아 지방에서 반란이 일어났다는 보고를 받고서야 카이사르는 클레오파트라와 헤어졌습니다.

카이사르는 시리아로 가서 불과 닷새 만에 반란을 가라앉히고 나서 이 승리의 소식을 편지로 써서 로마에 알렸는데, 편지에는 이러한 문구만 적혀 있었습니다.

'왔노라! 보았노라! 이겼노라!'

카이사르의 기질을 보여 주는 간결하고도 분명한 표현이었습니다. 동방을 평정한 카이사르는 로마로 돌아왔습니다. 그 뒤 카이사르는 반란이 일어날 때마다 달려가 승리하고 돌아왔습니다.

그리고 기원전 49년과 47년, 두 번에 걸쳐 독재관이 되었고, 그 임기를 10년으로 늘리더니, 아예 종신 즉, 죽을 때까지 할 수 있도록 임기를 연장했습니다. 하지만 카이사르는 뛰어난 정치 역량을 발휘하여 시민 생활을 잘 돌보고 문화 발전에도 공헌했습니다.

시리아인

시리아의 알레포 성채

＊카시우스
로마의 정치가로, 기원전 44년 브루투스 등과 함께 카이사르를 암살하였다. 로마에서 쫓겨나 필리피 전투에서 패하여 자살하였다.

정의롭고 시민들의 존경을 받은 카시우스는 카이사르가 왕이 되고 싶어하는 눈치를 채고 그를 없애기로 하였습니다.

카이사르가 아들처럼 여긴 브루투스도 나중에는 카시우스* 편이 되었습니다. 이들은 카이사르 암살 계획을 차근차근 진행시켰습니다. 기원전 44년 3월 15일, 원로원이 소집되는 날이었습니다.

데나리우스에 묘사된 가이우스 카시우스

암살당해 쓰러진 카이사르

카이사르한테 칼을 들고 달려드는 브루투스와 원로원 의원들

카이사르는 회의에 참석하러 갔다가 음모자들의 단도에 찔렸습니다.

"브루투스, 너마저도……."

카이사르는 신음하며 쓰러졌습니다.

카이사르가 무려 23군데나 찔려 쓰러진 자리는 바로 폼페이우스의 조각상 밑이었습니다. 암살자들이 바란 것은 한 사람의 독재자나 왕이 아니라 공화 정치였습니다.

브루투스의 상

로마포룸

5 클레오파트라와 안토니우스

로마에 개선한 옥타비아누스는 기원전 27년에 원로원에서 '제1 시민'이란 뜻의 프린켑스 지위와 '존엄한 자'란 뜻의 아우구스투스라는 칭호를 받았습니다. 그리하여 행정 · 군사 · 종교 · 사법상의 실권을 장악하게 되었습니다.

한편, 싸움에 패한 안토니우스가 스스로 목숨을 끊자, 클레오파트라도 독사에게 자신의 가슴을 물게 하여 그의 뒤를 따랐습니다.

이리하여 제2차에 걸친 삼두 정치는 막을 내리고 모든 권력은 옥타비아누스에게 돌아갔습니다.

안토니우스와 식사하는 클레오파트라

동방에까지 미친 삼두 정치

카이사르의 장례식 날이었습니다.

시민들이 광장으로 모여들고 안토니우스*를 비롯하여 카이사르파들은 피묻은 시체를 그대로 옮겨 왔습니다.

*안토니우스

고대 로마의 군인이며, 정치가이다. 카이사르의 부하로, 갈리아에서 활약하였다.

옥타비아누스, 레피두스와 함께 제2차 삼두 정치를 하였다. 이집트의 여왕 클레오파트라와 사랑에 빠졌으나 옥타비아누스와 대립하여 악티움 해전에서 패하여 자살하였다.

아우구스투스 황제 상

아우구스투스

아우구스투스 영묘

안토니우스가 추도 연설을 하였으며 카이사르의 유언을 발표했습니다.

"……내 재산은 내 누이의 손자인 가이우스 옥타비아누스를 양자로 들여서 상속하도록 한다. 또 로마 시민 모두에게 두 달 반의 임금(일한 삯)에 해당하는 돈을 나누어 준다……."

안토니우스의 흉상

안토니우스는 카이사르의 피묻은 망토를 시민들에게 보여 주며 암살자들을 규탄했습니다.

시민들은 흥분하여 외쳤습니다.

"암살자들을 죽여라!"

카이사르의 시체를 화장하기 위해 피워 놓은 장작불을 든 시민들은 암살자들의 집으로 몰려갔습니다.

결국, 로마는 걷잡을 수 없는 혼란에 빠졌고 브루투스파와 안토니우스파의 시가전이 벌어졌습니다.

한편, 안토니우스의 이름은 점점 높아졌습니다.

그리고 이때, 외국에서 카이사르의 상속인으로 정해졌다는 소식을 들은 가이우스 옥타비아누스가 달려왔습니다. 가이우스 옥타비아누스 또한 안토니우스와 견줄 만한 인물이었습니다.

키케로의 조각

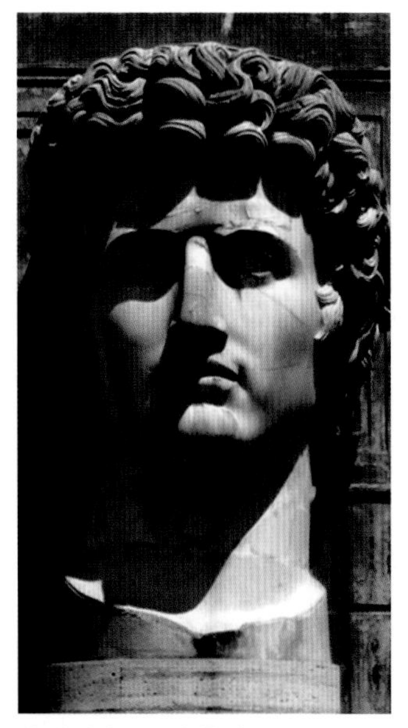
옥타비아누스의 흉상

그는 '가이우스 율리우스 카이사르 옥타비아누스' 라고 하였는데, '카이사르' 라는 이름을 붙인 것은 로마의 시민과 퇴역병들에게 죽은 영웅에 대한 기억을 불러일으켜서 자신에게 유리하게 만들기 위한 것이었습니다.

브루투스와 카시우스는 로마를 벗어나 도망칠 수밖에 없었습니다.

카이사르의 은총에도 불구하고 브루투스는 카이사르의 개혁이나 독재를 싫어하여 그를 따르지 않고, 카시우스와 함께 카이사르 암살 계획에 동참한 것이었습니다. 하지만 브루투스는 자신이 한 일이 로마를 위한 최선의 길이었다고 믿었습니다.

아우구스투스의 신격화를 보여 주는 부조

이제 로마는 안토니우스, 옥타비아누스, 키케로에 의해 다스려졌습니다.

기원전 43년 말, 옥타비아누스는 안토니우스와 레피두스를 북이탈리아로 불러 '삼두 정치'를 결정했습니다.

이들은 원로원과 민회를 무시하는 정치를 하였으며 학살과 추방을 단행했는데, 안토니우스는 원수처럼 여기던 키케로를 추방한 뒤 암살자를 보내어 죽였습니다.

시민관을 쓴 옥타비아누스

폼페이 시내의 빵집 터

*마케도니아
기원전 7세기에 세워져 기원전 4세기 무렵 알렉산드로스 대왕 때 전성기를 이루었다. 기원전 168년에 로마의 속주가 되었다.

*필리피
그리스 동북부에 있는 고대 도시로, 기원전 4세기의 마케도니아의 왕 필리포스 2세의 이름에서 따왔다. 카이사르의 암살자 브루투스 등이 타도된 필리피 싸움의 무대가 되었다.

한편, 해외로 도망친 브루투스 일파는 해군력을 키워 복수의 날만을 기다렸습니다.

기원전 42년, 옥타비아누스와 안토니우스 연합군은 마케도니아*의 필리피*에서 결전을 치렀습니다. 안토니우스는 크게 활약하여 승리를 이끌었고, 이 싸움에서 패한 브루투스와 카시우스는 자살하고 말았습니다.

로마의 삼두 정치는 동방에까지 그 힘을 뻗쳤습니다.

카이사르의 아들까지 낳은 클레오파트라는 카이사르가 암살될 때 로마에 있었습니다. 카이사르가 죽자 그녀는 급히 이집트로 돌아갔습니다. 그리고는 왕으로 세웠던 막내동생 프톨레마이오스 14세를 죽였습니다.

그리고 아들 케사리온을 왕의 자리에 앉혔습니다.

한편, 안토니우스는 소아시아 지방을 시찰하러 갔다가 클레오파트라를 불렀습니다. 클레오파트라는 찬란하게 장식한 배를 타고 가서 거기에서 잔치를 열어 안토니우스를 맞았습니다.

두 사람은 사랑에 빠져 알렉산드리아로 갔습니다. 안토니우스의 아내는 계교를 써서 남편을 돌아오게 하였으나 병으로 죽고 말았습니다. 이때, 삼두 정치를 맡은 세 사람은 각각 영토를 나누어 가졌습니다.

옥타비아누스는 갈리아와 에스파냐를, 안토니우스는 동방을, 레피두스는 아프리카를 차지했습니다.

하지만 돈독했던 삼두 정치는 몇 년이 지나자 흔들리기 시작했습니다.

이집트여왕 클레오파트라와 애완표범

*파르티아
고대 서아시아의 왕국으로, 셀레우코스 왕조의 쇠퇴를 틈타, 페르시아인 아르사케스가 건국하였다.
로마 제국에 대항하였고, 최성기에는 인더스 강에서 유프라테스 강에 걸친 지역을 판도로 하였지만, 사산 조 페르시아에 멸망되었다.

그 뒤 로마 시민의 인기를 독차지하고 있던 옥타비아누스는 레피두스를 내쫓아 아프리카를 차지하였고, 로마의 최고 자리도 차지했습니다.

한편, 안토니우스는 중단했던 파르티아* 원정을 하였습니다. 그렇지만 클레오파트라에게 정신을 빼앗겨 그만 원정에 실패하고 말았습니다.

로마 시민들이 규탄해도 들은 둥 마는 둥이었습니다. 안토니우스는 아내와 이혼하고 클레오파트라와 결혼해 버렸습니다.

더욱이 안토니우스는 '내가 죽으면 내 시신을 알렉산드리아의 클레오파트라 무덤 옆에 묻어 달라.' 는 유언장을 미리 만들어 발표했습니다.

아피아 가도에 있는 가옥 유적

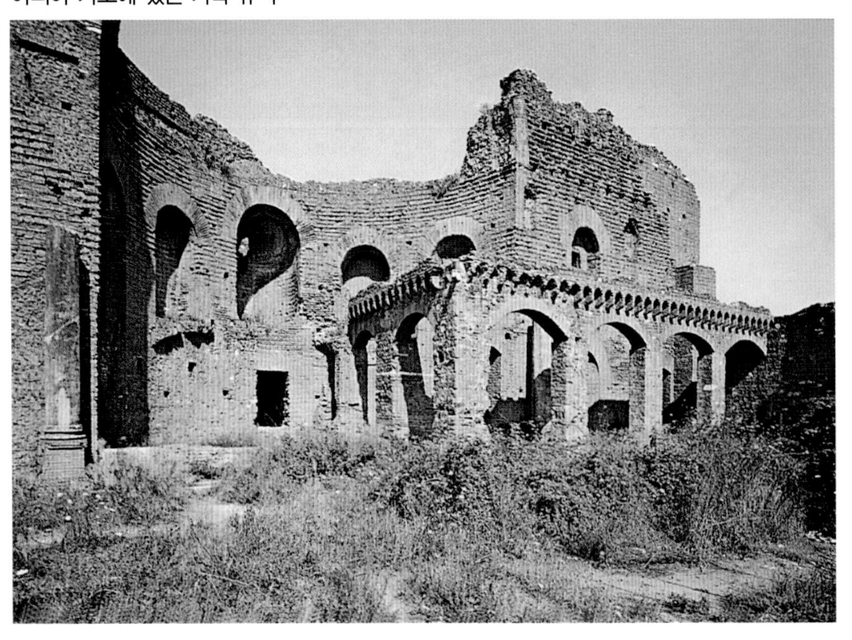

로마 시민들은 그러한 안토니우스를 향해 배신자라고 욕하며 펄펄 뛰었습니다.

이때, 잽싸게 옥타비아누스는 시민들의 지지를 받아 이집트에

아우구스투스의 카메오

선전 포고를 하였습니다. 이것은 이집트에 대한 싸움이 아니라, 안토니우스에게 대결을 요구한 것이었습니다.

기원전 31년 9월, 그리스의 서북쪽 악티움*에서 해전이 벌어졌는데 안토니우스는 크게 패해 달아났습니다.

옥타비아누스의 승리로 끝이 난 악티움 해전 후, 안토니우스와 클레오파트라는 알렉산드리아로 도망치는 몸이 되었습니다.

*악티움 해전
기원전 31년 그리스의 서북부 악티움 앞바다에서, 옥타비아누스가 안토니우스와 클레오파트라의 연합군을 격파한 해전이다. 옥타비아누스가 승리하여 로마에서의 패권을 확립하고 원수 정치의 길을 열었다.

자살하는 클레오파트라

클레오파트라는 지하 묘실로 들어가 안토니우스의 패전 소식을 가슴아파했습니다. 그런데 시녀가 안토니우스에게 클레오파트라가 죽었다고 전했습니다.

"에잇, 클레오파트라가 없는 세상에 살아서 무엇하나!"

안토니우스는 칼로 배를 찔러 스스로 목숨을 끊기로 마음먹었습니다.

이때, 시녀가 와서 클레오파트라가 아직 살아 있다고 하였습니다. 그러나 안토니우스는 치료를 받다가 그만 숨지고 말았습니다.

독사가 자신을 물게 하여 자살하는 클레오파트라

제정기 로마 시대의 모자이크

＊알렉산드리아
이집트 북부의 도시로, 지중해에 면한 무역항이다. 기원전 332년, 알렉산드로스 대왕이 건설하였으며, 프톨레마이오스 왕조의 수도였다. 이후 1천여 년에 걸쳐 이집트의 수도였다.

알렉산드리아*는 함락되었고 클레오파트라는 포로가 되었습니다. 그러자 클레오파트라는 옥타비아누스를 유혹하려 했습니다. 하지만 그는 그녀의 유혹을 뿌리쳤습니다.

"내 그대를 쇠사슬에 묶어 로마로 보내, 온 거리로 끌고 다니게 하리라! 모든 로마 시민들이 침을 뱉고 돌을 던지게 하리라!"

로마령이 된 이집트 궁전

옥타비아누스는 카이사르와 안토니우스를 파멸로 이끈 클레오파트라에게 모욕적인 말을 했습니다.

세기의 영웅 카이사르와 안토니우스를 휘어잡았던 야망의 여인 클레오파트라는 쇠사슬에 묶인 포로 신세보다는 죽는 것이 낫다고 생각하였습니다.

***이집트의 로마 제국령**

프톨레마이오스 왕조는 왕위 분쟁 때문에 로마의 개입을 요청하는 일이 많았으므로, 로마는 언젠가는 이집트를 합병해야겠다고 생각하게 되었다. 기원전 30년 이집트 여왕 클레오파트라가 로마와의 싸움에서 패하여 자살하자, 이때부터 이집트는 로마령이 되었다.

남편 안토니우스를 버리고 이집트로 도망가는 클레오파트라

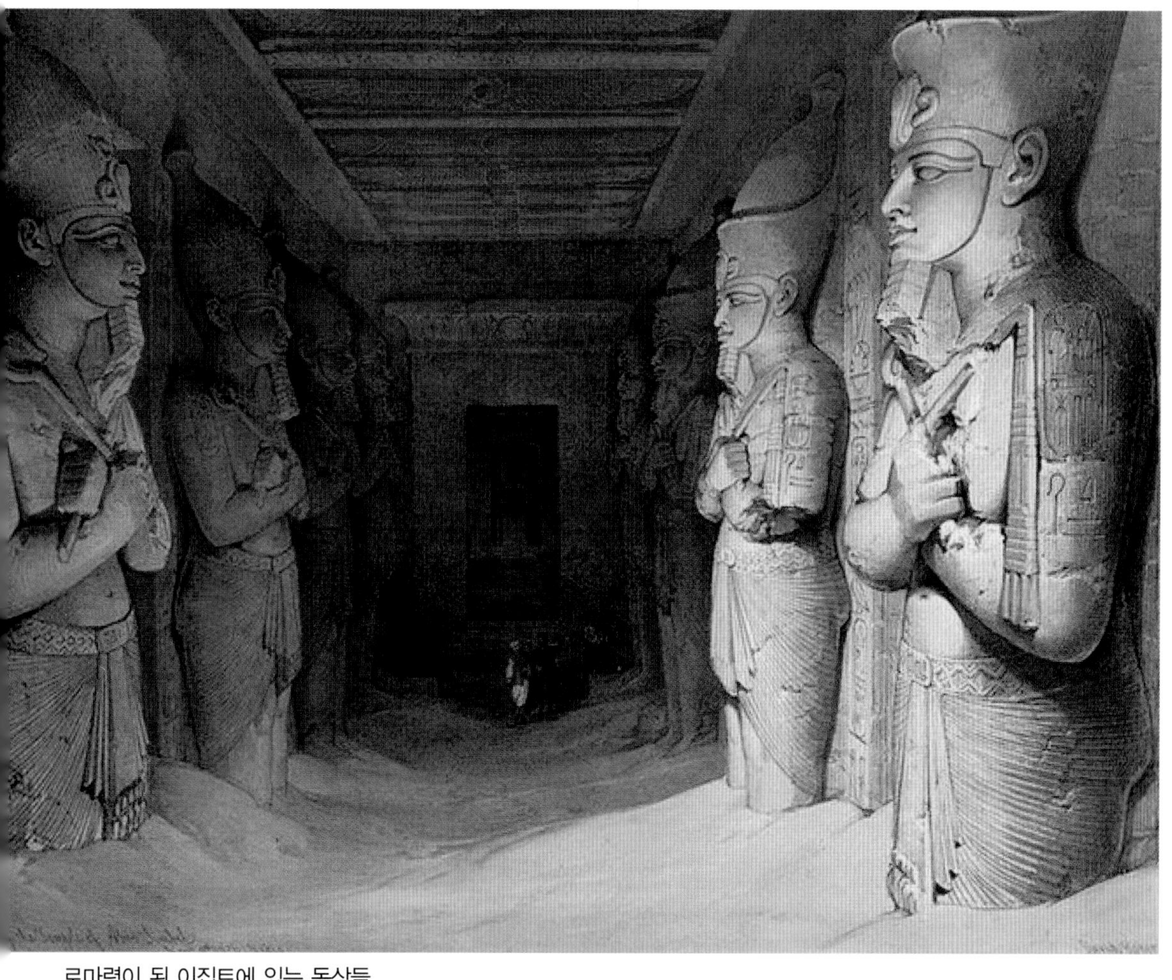

로마령이 된 이집트에 있는 동상들

로마로 돌아가는 클레오파트라

그리하여 스스로 독사에게 물려 자살함으로써 이집트는 멸망하였고 로마는 지중해 지역을 통일했습니다.

6 아우구스투스가 된 옥타비아누스

기원전 27년, 옥타비아누스는 원로원으로부터 아우구스투스(존엄한 자)라는 존칭을 받아 이로부터 로마 제정이 시작되었습니다.

그러나 그는 카이사르의 전철을 밟을까 두려워하여 황제의 칭호를 피하고 스스로를 '로마 제1 시민'이라 칭하며 공화정의 형식을 취하였으므로 그의 통치 체제를 원수정이라 합니다.

그는 관제, 세제 및 군대를 재정비하고 속주에 부분적 자치권을 부여하는 등 국가의 기반을 닦았습니다.

이로부터 로마 제정은 가장 번영한 5현제 시대까지 약 2백 년 동안 '로마의 평화' 시대가 계속되었습니다.

베네치아 두칼레 궁전

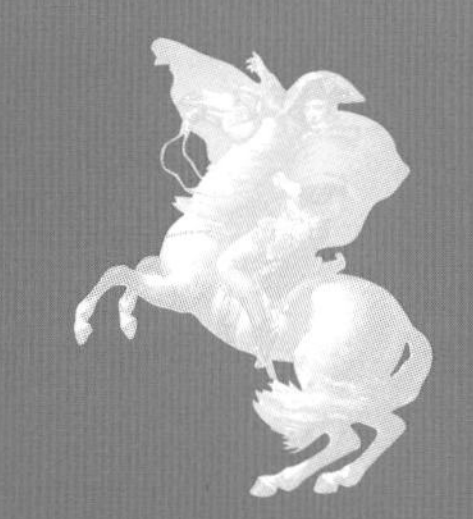

외국 손님을 만나는 곳에 서 있는 옥타비아누스 동상

원로원의 제1인자 옥타비아누스

기원전 29년, 로마로 개선해 온 옥타비아누스*는 시민과 원로원의 열렬한 환영을 받았습니다.

그에게는 원로원의 '제1인자' 라는 특권이 주어졌습니다. 그렇지만 2년 뒤에 옥타비아누스는 모든 권한을 원로원과 민회에 넘겼습니다.

"욕심이 없는 옥타비아누스밖에 믿을 사람이 없소!"

원로원과 민회는 에스파냐를 비롯한 여러 곳의 군사 지휘권을 10년 동안 옥타비아누스에게 맡겼습니다.

또, 원로원으로부터 '아우구스투스' 라는 칭호가 주어졌습니다. 아우구스투스란 신이나 인간에게 붙이는 최고의 존경의 표시입니다.

＊옥타비아누스
로마 제정의 초대 황제로, 기원전 27~서기 14년까지 재위하였다. 본명은 가이우스 옥타비아누스이며, 카이사르가 죽은 후 그 유언에 따라 양자로 지명되어 있는 것을 알고 가이우스 율리우스 카이사르 옥타비아누스라고 이름을 바꾸었다.

옥타비아누스 동상

옥타비아누스의 원수정

옥타비아누스는 '임페라토르' 라는 지위도 계속 누릴 수 있게 되어 로마 제1인자로 굳어졌습니다. 또, 옥타비아누스는 대신관의 지위도 함께 누렸습니다.

'나는 로마 군주(왕)나 다름없다!'

그렇지만 옥타비아누스는 겉으로는 사양을 하면서 속으로는 왕의 지위를 누리는 현명한 인물이었습니다.

로마 시민들은 그런 옥타비아누스를 아무도 독재자로 보지 않았습니다.

옥타비아누스는 황제가 아니더라도 제1인자로 로마를 지배했습니다.

이런 식의 정치 방법을 '원수정' *이라고 합니다.

대신관 차림의 아우구스투스 상

*원수정
고대 로마에서 옥타비아누스에 의해 시작된 정치 체제이다. 공화제의 전통을 중히 여긴 제정으로, 프린켑스가 원로원에서 여러 가지 권한을 위탁받아 통치를 했다.

*로마의 평화
아우구스투스 시대부터 5현제 시대까지 약 200년간의 번영기를 말한다. 이때 로마의 영토가 최대로 확장되었으며, '모든 길은 로마로 통한다.' 는 말이 생길 정도로 수도 로마와 각 지역을 연결하는 도로가 만들어지고 곳곳에 새로운 도시가 건설되었다.

카이사르

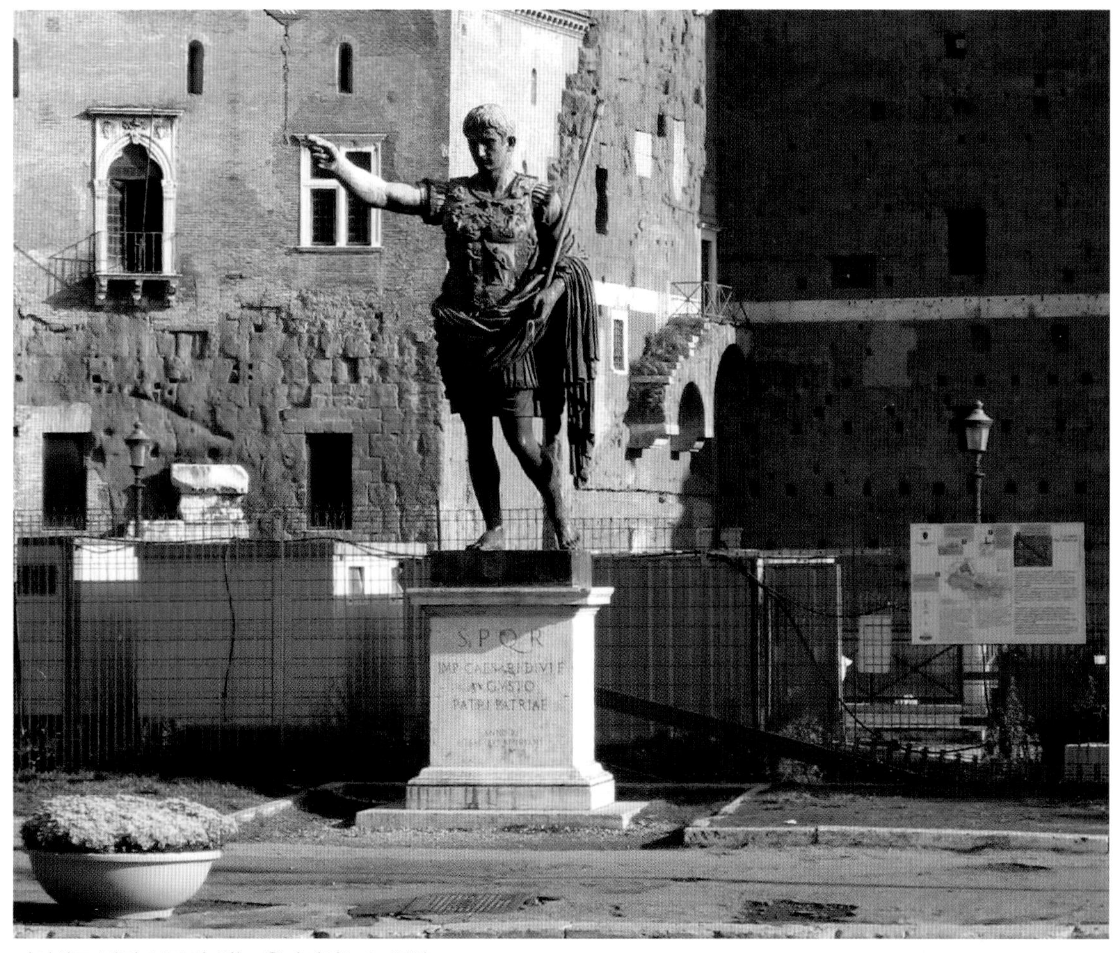

카이사르 광장 부근에 있는 옥타비아누스 동상

옥타비아누스 광장 유적

카이사르 광장

옥타비아누스 후계자들부터는 ‘황제’ 라는 칭호를 썼으며 이때를 ‘제정 로마 시대’ 라고 합니다.

아우구스투스는 정치를 잘하여 여러 방면으로 많은 업적을 쌓았습니다.

아우구스투스 극장

세계사 부록

삼두 정치의 전개

로마의 지배를 받던 이탈리아 도시들이 기원전 1세기 무렵에 로마의 지배에 반대하기 시작하였으며, 노예들도 대반란을 일으켰다. 이와 같은 혼란 속에서 유력한 장군들이 나타나 권력을 잡았다.

노예의 반란을 진압하는 데 공을 세운 귀족 출신의 폼페이우스가 평민파 카이사르 및 부호 크라수스와 결탁하여 로마를 셋으로 분할하여 다스렸다. 이것을 삼두 정치라고 한다.

그들은 공화 정치의 전통을 완전히 무시하고, 기원전 60년부터 독재 정치를 실시하였다. 얼마 후 카이사르는 갈리아(현재의 북이탈리아 및 프랑스 일대)의 켈트 족을 무찌르고 그 지방을 정복하여 명성을 떨쳤다.

이것을 시기한 폼페이우스는 원로원과 손을 잡고 카이사르를 쓰러뜨리려고 하였다.

폼페이우스의 청원을 받은 원로원은 카이사르에게 군대를 해산하고 로마로 귀환할 것을 명령했으나, 카이사르는 이를 무시하고 로마로 쳐들어와 폼페이우스 일파의 세력을 제압하였다.

카이사르에게 쫓긴 폼페이우스는 이집트로 달아났다가, 그곳 왕인 프톨레마이오스에게 죽임을 당했다. 그 후 카이사르는 동방을 정복하여 또 한 번 세력을 떨친 후, 완전한 독재자가 되어 위기 상황에 처한 로마의 국가 체제를 재정비할 계획을 수립하였다.

전쟁에서 탁월한 실력을 발휘한 카이사르는 정치가로서도 역량을 발휘하였다. 먼저 실업자 구제책을 실행하는가 하면, 속주의 주민에게도 시민권을 부여하는 등의 개혁 정책을 실시했다. 또한, 이집트의 태양력을 기초로 한 율리우스력을 제정하였다. 그러나 공화정을 수호하고자 하는 브루투스 일파는 카이사르가 왕이 되려는 야심을 갖고 있다고 의심하여 그를 암살해 버렸는데, 이때가 기원전 44년의 일이었다.

카이사르를 암살한 브루투스

로마의 정치가 카이사르

제2차 삼두 정치

안토니우스

기원전 43년에 카이사르의 부하였던 안토니우스와 카이사르의 양아들인 옥타비아누스, 레피두스, 이 세 사람이 로마 영토를 셋으로 나누어 제2차 삼두 정치를 실시하였다.

그 후 레피두스는 곧 세력을 잃어버렸지만, 안토니우스는 로마의 동부를 지배하고 옥타비아누스는 서부를 지배하였다.

이때, 동방 원정길에 오른 안토니우스는 이집트의 아름다운 여왕 클레오파트라와 사랑에 빠져 로마 장군으로서의 사명을 망각하게 되었다. 그는 클레오파트라와 결혼하고 로마 영토의 일부를 선물로 주었다.

그러자 기원전 31년 옥타비아누스는 국가를 배반한 안토니우스를 징벌한다는 명분으로 군사를 일으켜, 악티움 해전에서 안토니우스와 클레오파트라의 연합군을 격파하고, 로마의 지배권을 장악하였다. 로마에 개선한 옥타비아누스는 기원전 27년에 원로원에서 '제1시민' 이란 뜻의 프린켑스 지위와 '존엄한 자' 란 뜻의 아우구스투스라는 칭호를 받았다. 그리하여 행정, 군사, 종교, 사법상의 실권을 장악하게 되었다.

한편, 싸움에 패한 안토니우스가 스스로 목숨을 끊자, 클레오파트라도 독사에게 자신의 가슴을 물게 하여 그의 뒤를 따랐다. 이리하여 2차에 걸친 삼두 정치는 막을 내리고 모든 권력은 옥타비아누스에게 돌아갔다.

로마 제정의 성립

아우구스투스 상

천하를 통일한 옥타비아누스도 카이사르와 마찬가지로 독재자로서 나라를 통치하였다. 그러나 그는 카이사르의 실패를 거울로 삼아 원로원과 타협하는 등 가능한 한 공화정 형식을 유지하려 하였다.

옥타비아누스는 원로원으로부터 아우구스투스의 칭호를 받고 행정, 군사, 종교, 사법의 전권을 장악하고 있었으므로, 사실상 로마 황제나 다름없었다. 이때부터 제정 시대로 들어가 로마를 로마 제국이라고 부르게 되었다. 아우구스투스가 된 옥타비아누스는 국력을 증강시키고 영토를 확장하였다.

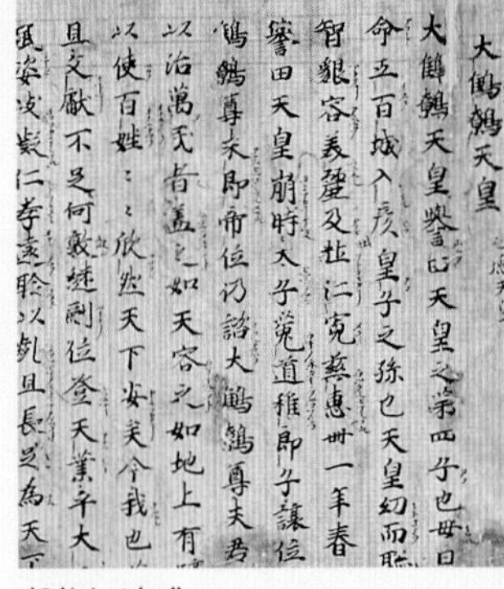
大鷦鷯天皇
大鷦鷯天皇譽田天皇之第四子也母曰
命五百城入彥皇子之孫也天皇幼而聰
智貌容美麗及壯仁寬慈惠卌一年春
譽田天皇崩時太子菟道稚郎子讓位
鷦鷯尊未即帝位仍諮大鷦鷯尊夫君
以治萬民者蓋之如天容之如地上有
以使百姓〻〻欣然天下安矣今我也
且文獻不足何敢繼嗣位登天業乎大
風姿岐嶷仁孝遠聆以齒且長足為天

〈일본 서기〉

715 동로마, 성요한 교회가 우마이야 모스크로 개조됨.
교황청, 교황 그레고리우스 2세 즉위함.
유럽, 이 무렵에 사라센인이 제지법을 전파함.

717 동로마의 레오 3세, 즉위하여 콘스탄티노플을 포위한 사라센을 격퇴함.

718 당, 인도의 천문 계산법이 소개됨.
프랑크의 카를 마르텔, 프랑크 왕국의 전권을 잡음.

720 일본, 〈일본 서기〉를 편찬함.
당, 목판 인쇄술이 시작됨.
사라센 피레네 산맥을 넘어 유럽(갈리아 지방)을 위협함.

721 당, 돌궐이 화의를 요청해 옴.

722 당, 병농일치의 부병제가 무너지고 용병제가 실시됨.
프랑크의 사도 보니파키우스, 크리스트교 전도 활동을 시작함.

725 당, 이 무렵에 당시의 전성기를 맞음.

726 동로마의 레오 3세, 성상 예배를 금지함.
교황청, 동로마의 레오 3세의 성상 파괴 명령으로 우상 숭배 논쟁이 벌어짐.

아바스 왕조의 칼리프 친위대

730 동로마의 레오 3세, 교황 그레고리우스 2세에 의해 파문됨.

731 교황청, 교황 그레고리우스 3세 즉위함.
브리타니아의 비드, 〈영국 교회사〉를 저술함.

732 사라센, 군대를 보내 이베리아 반도를 공략함.

733 일본, 도다이사 법화당을 건축함.
당, 집집마다 〈노자〉를 간직하게 함.

736 동로마의 레오 3세, 제국 내의 모든 우상을 파괴하게 함.

739 동로마, 롬바르드 족이 로마를 포위함.

741 동로마, 콘스탄티누스 5세 즉위함.

743 당의 이백, 〈청평조〉를 지음.

749 일본, 도다이 사의 대불을 만듦.

750 사라센, 전옴미아드 왕조가 멸망하고 동 칼리프 제국의 아바스 왕조가 성립됨.

일본의 도다이사

751 프랑크의 피핀, 왕에 즉위하여 카롤링거 왕조 성립함.

753 프랑크, 베네딕트 회 수도사 보니파키우스 순교함.

756 당의 안녹산, 스스로 황제라 칭하고 국호를 대연이라 함.
사라센의 압둘라흐만 1세, 이베리아 반도의 코르도바에 서 칼리프의 후 옴미아드 왕조를 세움(사라센 제국이 동서 칼리프로 분열됨.).

762 동 칼리프의 아바스 왕조, 새 수도인 바그다드를 건설하기 시작함.

770 당, 시인 두보 사망함.

773 프랑크의 카롤루스 대제, 롬바르드 왕국을 병합함.

775 당, 당삼채가 발달하고 연금술이 시작됨.

778 프랑크의 카롤루스 대제, 사라센 영토인 에스파냐에 원정하고 돌아오는 도중 바스크 족의 공격을 받음(서사시 〈롤랑의 노래〉의 소재가 됨.).

781 프랑크, 카롤링거 르네상스가 시작됨.

787 브리타니아, 이 무렵에 노르만 족과 데인 족이 활동을 시작함(바이킹의 시대).

788 프랑크의 카롤루스 대제, 바이에른 대공의 영토를 병합함.

800 인도, 이 무렵에 〈춤추는 시바 신〉을 조성함.

807 당, 이 무렵에 백낙천 〈장한가〉 지음.

809 당의 한유, 유교와 고문을 부흥시킴.

812 프랑크, 아헨 조약으로 카롤루스 대제 제위가 동로마 황제에게 승인을 받음.

814 프랑크, 카롤루스 대제 죽고 루트비히 1세 즉위함.

817 프랑크의 루트비히 1세, 랭스에서 대관식을 올리고 영토를 세 아들에게 분봉함.

832 프랑크 왕국, 초기 로마네스크 양식이 등장함.

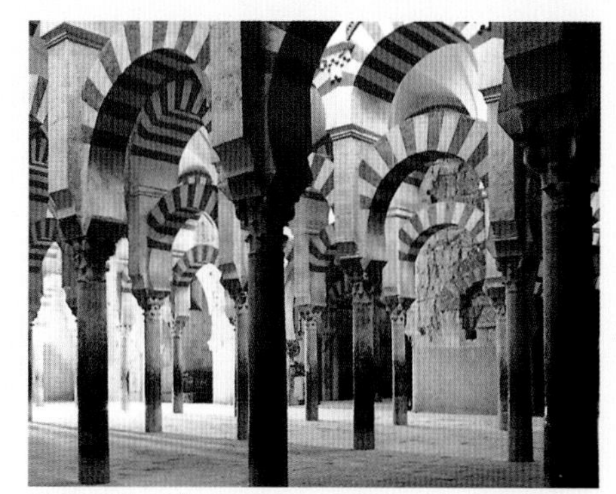
후옴미아드의 수도 코르도바에 있는 모스크 내부

〈롤랑의 노래〉 삽화

스테인드글라스에 묘사된 카롤루스 대제

아바스 왕조의 수도 바그다드에 있는 사마라의 모스크
무함마드의 후손 아부르 아바스는 바그다드에 도읍을 정하고 왕조를 열었다. 아바스 왕조는 그 후 약 500년간 이슬람 지역을 다스렸는데, 그들은 과격한 시아파를 탄압하는 한편, 수니파 세력을 확립하였다. 옴미아드 왕조가 아랍 제국의 성격을 띠고 있는 반면, 아바스 왕조는 진정한 의미의 이슬람 제국이 되었다.

동로마 제국의 금화

카롤루스 대제의 청동상

카롤루스 대제(742~814년)
유럽 프랑크 왕국 카롤링거 왕조의 왕이며, 서로마 제국의 황제이다. 프랑크 왕 피핀의 아들로, 768년 왕위에 올라 롬바르디아 왕국을 멸망시켜 이탈리아를 누르고, 작센을 정복하였다. 또한, 아바르 · 사라센 · 벤드 족을 정벌하여 영토를 확장시켰다. 800년에는 로마 교황으로부터 서로마 제국 황제의 관을 받았다.

두보(712~770년)
당나라의 시인으로, 이백과 더불어 중국 최고의 시인으로 평가된다.
일생을 가난 속에서 살면서, 정치와 사회에 깊은 관심을 보여, 백성들이 당하는 수탈과 압박에 대한 시를 많이 남겼다.
작품으로는 〈춘망〉, 〈북정〉, 〈신안리〉, 〈석호리〉, 〈병거행〉 등 다수가 있다.

이스파한에 있는 왕의 모스크
모스크는 이슬람교의 예배당이며, 이마를 땅에 대고 절하는 곳을 뜻한다. 내부 구조는 비교적 간단하며, 정면 벽에 성단 미흐라브가 있으며 신자가 마루에 꿇어앉아 메카를 향하여 예배할 수 있게 되어 있다. 건축 양식은 비잔티움 건축 영향을 받아 둥근 돔과 예배 시간을 알려 주는 첨탑이 특징이다.

〈세계사 이야기〉 관련 홈페이지

골말의 역사 교실 http://history.new21.net

공자를 찾아서 http://nagizibe.com.ne.kr

김제훈의 역사가 좋아요 www.historylove.com

대영 박물관 www.thebritishmuseum.ac.uk

독일 정보 www.nobelmann.com

러시아 우주 과학회 www.rssi.ru

루브르 박물관 www.louvre.fr

링컨(백악관) www.whitehouse.gov/history/presidents/al16.html

메트로폴리탄 미술관 www.metmuseum.org

버지니아 대학 도서관 http://etext.virginia.edu/jefferson

사이버 스쿨버스 www.cyberschoolbus.un.org

서양 미술 사학회 www.awah.or.kr

소창 박물관 www. sochang.net

영국의 왕실 공식 사이트 www.royal.gov.uk

유엔(UN) www.un.org

이슬람 소개 www.islamkorea.com

인도의 독립 운동가 간디를 소개하는 사이트 http://mkgandhi.org

정재천의 함께하는 사회 교실 http://yuksa.new21.org

제1차 세계 대전의 원인, 주요 전투, 관련 인물, 연대표 수록
http://firstworldwar.com

주한 독일 문화원 www.gothe.de/seoul

주한 중국 문화원 www.cccseoul.org

주한 프랑스 문화원 www.france.co.kr

중국의 어제와 오늘 www.chinabang.co.kr

차석찬의 역사 창고 http://mtcha.com.ne.kr

한국 서양사 학회 http://www.westernhistory.or.kr

한국 셰익스피어 학회 www.sakorea.or.kr

한국 프랑스 사학회 http://frenchhistory.co.kr

우리 땅 넓은 땅
세계사 이야기 (전34권)

1. 인류 역사의 새벽
2. 피라미드를 세운 이집트 문명
3. 인더스 강에 일어난 인더스 문명
4. 황하에 일어난 중국 문명
5. 서양 문화의 산실 고대 그리스
6. 대제국을 건설한 알렉산드로스 대왕
7. 고대 로마 제국의 건국과 발전
8. 카이사르와 로마 제국
9. 네로와 크리스트교의 박해
10. 로마 제국의 분열과 쇠망
11. 유럽 세계의 형성
12. 가톨릭의 발전과 이슬람 세계
13. 다시 통일되는 중국
14. 이슬람의 전파와 칭기즈 칸의 대원정
15. 십자군 전쟁과 백년전쟁
16. 르네상스의 꽃이 피다
17. 종교 개혁과 마르틴 루터
18. 신대륙의 발견과 대항해 시대
19. 절대 왕정과 30년 전쟁
20. 청교도 혁명과 명예 혁명
21. 미국의 독립과 혁명의 기운
22. 세계를 휩쓴 혁명의 태풍
23. 대륙을 정복한 전쟁 영웅 나폴레옹
24. 산업혁명과 자치의 물결
25. 발전하는 미국과 유럽의 진출
26. 침략받는 중국과 인도
27. 제국주의와 제1차 세계 대전
28. 경제 공황과 제2차 세계 대전
29. 냉전 시대와 급변하는 사회
30. 발전하는 현대 사회
31. 세계는 하나, 지구촌 시대
32. 세계의 문화유산
33. 세계의 문화 유적
34. 세계의 역사 인물

우리 땅 넓은 땅
한국사 이야기 (전34권)

1. 한반도의 새벽
2. 시작되는 삼국 신화
3. 고대 국가로 발전하는 삼국
4. 대제국으로 발전하는 고구려
5. 백제에 부는 새로운 바람
6. 화랑정신에 빛나는 신라
7. 삼국을 통일한 신라
8. 통일신라와 발해
9. 후삼국과 고려
10. 후삼국을 통일한 고려
11. 거란의 침입과 귀주 대첩
12. 흔들리는 고려의 왕권
13. 무신정권 시대의 개막
14. 몽골의 침입과 삼별초의 항쟁
15. 안팎으로 시달리는 고려
16. 고려 왕조의 멸망
17. 새 나라 조선의 건국
18. 문화의 황금기, 세종 시대
19. 피로 얼룩진 궁궐
20. 사화의 소용돌이
21. 당파 싸움으로 기울어지는 나라
22. 임진왜란의 참화
23. 나라를 지켜 낸 영웅들
24. 병자호란의 치욕
25. 실학 사상과 천주교의 탄압
26. 거센 외세의 물결
27. 동학농민운동과 청 · 일 전쟁
28. 불타오르는 민족의식
29. 일제 강점하의 광복 투쟁
30. 대한민국의 수립과 발전
31. 세계 속의 대한민국
32. 한국의 문화유산
33. 한국의 문화 유적
34. 한국의 역사 인물